U0899099

为未来而教

叶丙成的BTS教育新思维

叶丙成 著

高等教育出版社·北京

内容简介

本书以作者近20年的教学经历和经验积累为基础，系统阐述了他对“为师者”价值理念的认识，剖析了他对国内外“创新教学”的看法，勾勒了“未来人才”应有的样貌，深入探讨了新时代的教育观、教养观，强调“别被别人绑住，走出自己教学风格”的重要性。同时，还首次完整梳理了以“了解、引导、观察、学习”为中心的BTS翻转教学法，诠释了众多教育工作者对“翻转”的种种疑惑。

本书是一本观念与实务兼具的教育读物，对关注教育改革的政策制定者、期待提升自我教学效能的教育工作者，以及关心未来教育发展的家长具有积极作用。

图书在版编目（CIP）数据

为未来而教：叶丙成的BTS教育新思维/叶丙成著. -- 北京：高等教育出版社，2019.4

ISBN 978-7-04-051615-9

Ⅰ. ①为… Ⅱ. ①叶… Ⅲ. ①教学法-研究 Ⅳ. ①G424.1

中国版本图书馆CIP数据核字（2019）第047075号

Wei Weilai er Jiao——Ye Bingcheng de BTS Jiaoyu Xin Siwei

策划编辑 傅雪林　责任编辑 傅雪林　特约编辑 吴　勇　封面设计 张　楠
版式设计 于　婕　责任校对 窦丽娜　责任印制 刘思涵

出版发行 高等教育出版社
社　　址 北京市西城区德外大街4号
邮政编码 100120
印　　刷 肥城新华印刷有限公司
开　　本 880 mm×1230 mm 1/32
印　　张 9
字　　数 150千字
购书热线 010-58581118
咨询电话 400-810-0598
网　　址 http://www.hep.edu.cn
　　　　 http://www.hep.com.cn
网上订购 http://www.hepmall.com.cn
　　　　 http://www.hepmall.com
　　　　 http://www.hepmall.cn
版　　次 2019年4月第1版
印　　次 2019年4月第1次印刷
定　　价 49.80元

物 料 号 51615-00

序　一

（李晓明　北京大学）

因为对慕课的共同兴趣，2013 年我认识了台湾大学的叶丙成教授。突出的印象是，他属于那种在教学上不仅锐意创新身体力行，而且不辞辛苦奔走呼号的人，在慕课、翻转课堂、游戏教学等方面都有深度造诣。

我听过他多次演讲。这本《为未来而教》，读起来既熟悉又不断有新惊喜。演讲中提到的那些鲜活的事例又跃然纸上，伴随着那些事例的，是于心而生的思想火花，发人深省。

《为未来而教》浸满了叶丙成教授对教师职业的情愫。例如，他说："缘由不对，看的尽是苦；缘由对了，苦也就不苦了。"所谓缘由，也就是价值追求。我们时常听到这样的困惑——要做好教学是一件费心费力的事，但似乎又很难有什么结果，远不如做个项目、发篇文章来得立竿见影。不过在叶丙成教授眼里，做教师是有幸影响许多人的生命的工作，可以使自己的生命也得到升华，自然每天都会很快乐。

“只要有热情，人人都可以成为好老师。”我想这不只是一种激励，也是对教师生涯的一种深刻理解。教师工作，显然不应该只是把自己早先学会的那本书的知识教给学生。评价一个教师教学工作的好坏，如果只是看班里学生的考试成绩，那不仅是狭隘的，而且有害。对工作的热情，对教学的热爱，对生活的态度，在课堂内外传导给学生，也应当是老师工作的意义及其价值的衡量所在。

谈到如何做好具体的教学工作，他也有一个让我眼睛一亮的说法。那就是不仅要追求“把课讲述得很清楚，让学生听得很有趣”，还要“让学生真正有热情、有动机学习”。他说他在台湾大学教书的头十年，追求的只是前者，自我感觉也不错，但后来发现不够了。这样一种感悟，我想必须有两个方面的条件才能达成。一是对教学的热爱，二是对时代、对学生的理解。将这样一种感悟转变为行动，就有了他的“BTS 教学法”，其中的核心理念是“for the student，by the student，of the student”，按我们现在流行的说法，应该就是“以学生为中心”。

难能可贵的是，BTS 教学法不单是有很好的理念，而且已有通透的实践。其中一些做法乍听起来会有些难以置信，太具挑战性。例如，对应 by the student，有“我不出作业，让学生出作业”。这不是教老师偷懒，而是一种启发学生学习动机的有效实践，其中的细节意味着对教师有更高的要求。没有对教学的热情，没有负责任的态度，就不可能做好。

关于技术对教学的影响，在《为未来而教》中俯拾皆是。他特别指出，在教学上不能为创新而创新，要有明确的、学生了解和认同的目的，才可能达到好效果。这种认识在有关翻转课堂的章节中得到了充分细致的体现。

尤其令我感慨的是那一段关于不要把学生当过客的论述，那是一种不同层次的境界。只有真正把教书当作自己生命的一部分（而不是谋生的手段），把师生情当作生命中的缘分，才能达到这种境界。

我国的教育改革虽然任重道远，但近年来人们让大学回归人才培养本位的呼声越来越强烈，重视教学的氛围越来越显现。我认为，叶丙成教授的《为未来而教》来得正是时候，当会激励一批教师潜心教学，并幸福在其中，不再稀罕“标签桎梏的人生”。

序　二

（潘伟贤　香港中文大学）

认识叶丙成教授大概是六七年前的事，大家都称呼他 Benson 或丙绅。那时正是慕课在全球刚开始起步及全国教学发展中心蓬勃兴起的阶段，丙绅和我分别在台湾大学和香港中文大学教学发展中心工作，于是在 Coursera 的国际会议及全国高校发展网络的会议上我都有机会听丙绅的报告。他亦几次接受邀请，到我们学校演讲。大家都知道丙绅的演讲很精彩，不但内容充实，而且往往能感动出席者，让他们情绪高涨。倘若您尚未有缘亲身听过丙绅的演讲，那您阅读他这本著作以后，将会明白，为什么有这么多老师从老远跑去听他演讲，又为什么他的课程可以吸引这么多学生，更能从大师云集的慕课平台脱颖而出，获得国际大奖。

阅读丙绅这本著作，我的感觉是如聆听他的演讲一样精彩。我在感动赞叹中一口气读完这本书，看到这位不常见面的朋友自身的反省，分享了一位孜孜不倦的老师成功感染学生的喜悦，更感受到这位怀有崇高理想的教育者的远大目标。我再一次想起并肯定自己作为老师的价值，并且渴望能把这种感受和我熟悉的同侪、努力不懈的老师，或是曾经气馁的朋友分享。

对于丙绅利用他跨学科的素养、敏锐的观察力及多年持续改良的教学经验总结出来的，在大学或中小学课堂，在课外或教学发展中心，以至在整个学校可以推行的启发、鼓励和帮助学生学习的实用方法，我跃跃欲试。作为一位一线教师，我想利用丙绅从他多年实践经验中整理出来的教学创新七大原则，针对学生在未来社会所需要的“六大软实力”，进一步探讨学生设计作业及同学互评等 BTS 技巧，以建构适合自己风格、自己学生、自己场域的一套教学方法。作为教师发展中心的前负责人，我想向曾经共同努力的战友推荐丙绅提出的教师发展工作成功的三大秘诀：从心开始！从新出发！由下而上！作为负责推动卓越教与学的副校长，我会牢记并时刻反思丙绅的呼吁：“教育要改变，就要靠老师。要改变一个老师，靠的是感动而不是压迫。”作为我们大学科学教育促进中心的一分子，见证着很多热心教授在大学体制中努力寻找空间和机会支持中小学教育，我想跟他们分享与他们拥有相同理念的丙绅在台湾“逆袭——从源头开始，从下而上”和不断“点火”的策略和成就。

序　二

叶教授，丙绅老师，谢谢您这本著作，谢谢您做的一切！您不但是您学生的老师，也是我们老师的老师。我相信在您退休的餐会上，您不但可以说：

“我这辈子很自豪，我帮学生培养一辈子受用的能力！

我这辈子很自豪，我让很多学生对学习都很有热忱！

我这辈子很自豪，我教出在未来很有竞争力的学生！”

您还可以说：

“我这辈子很自豪，我帮努力不懈的老师培养了一辈子受用的能力！

我这辈子很自豪，我让很多曾经气馁的老师对教学重新燃起热情！

我这辈子很自豪，我启发出很多在未来也无可取代的老师！”

其实，作为您的朋友，我很为您骄傲！因为，只短短几年，又离您退休的日子还远，您把这一切都已经做到了！！

序　三

（姬十三　果壳网 CEO、在行创始人）

叶丙成老师可能是中文世界里最受欢迎的老师之一。考虑到他教的是枯燥的概率，这简直是个奇迹。我见过他和网络学生“面基”的场景，像是一场明星见面会，数百学生热情地将他围住，签名、合影，大声喊“叶老师我喜欢你”。

这得益于几年前兴起的慕课运动。台湾大学在全球最大的慕课平台 Coursera 上发布了几门课程，其中就包括叶老师的“概率课”。在线教育将这位魅力老师的能量传播放大，让他触及之前完全不可能触及的用户量级，使得偏远小城都有认真学课的孩子。

叶老师在慕课课程讲授方面如鱼得水。他将小故事、诗歌、笑话融入课堂，把概率课讲得妙趣横生，还通过线上竞技游戏的方式把学生的创造力和参与感激发到极致。他扎个马尾辫，讲课时活力四射，这样又帅又酷的数学老师让学生们倍感新奇。原来大学数学还可以这么讲，还可以这么有温度，原来老师可以这么酷。

我陪着他走了几所大学，结缘于果壳网组织的线下学生活动，他不辞辛劳地从台北飞来，面见他的拥趸。学生见他，一点都不陌生，大多数人已经跟着他上了几个月的课程，随口就能说起课堂段子，亲切得仿佛同在一个校园。

除了讲课本身，叶老师还潜心推敲慕课教育的规律和方法，这本新书就是他的心法总结。他忙碌至极，但仍然抓住各种机会交流和传授。在他看来，教育是这个世界上最神圣最有意义的工作，有机会去影响许多人的生命，让许多人变得更好。他每一年都要把当下这批学生带到想象的模样。我听他当面讲过“父亲退休餐会”的故事。他父亲在二三十年里教的学生一一出席，上台述说老师对他们的点点滴滴。这样的人生际遇让他感知到老师的真正价值，让他去思考“如果以后我退休的时候，能不能自豪地站在台上，对所有人说，自己的教书人生是有价值的”。正是这种“意义感”赋予他超级精力。那阵子，我见他在台下明明累得不行，一上台拿起话筒就立马神采奕奕。他见到不好的教学痛心疾首，“怎么可以这样”，恨不得立刻去改变。

慕课带来了新的改变机会，叶老师一头扎入。新的科技和对生命新的理解，必将带来全新的教育未来。我们的下一代会在更好的教育环境中成长为更优秀的个体。为未来而教，是每个教育梦想者的呐喊。

自　　序

最近几年，华人社会的教育观开始面临极大的挑战，但许多父母、老师、孩子却仍浑然不觉。

过去二十年，世界的变化越来越快。牛津大学一份研究报告指出，接下来的二十年，47%的现有工作会消失。这当中最可怕的，不是将近一半的工作会消失，而是我们将会看到一大半新的、过去没出现过的新形态工作出现。这些新形态工作到底是什么样貌？需要什么样的知识？需要什么样的能力？

我们现有的教育，是否能帮我们的孩子为适应这些新形态工作做好准备？

过去社会在乎的，是追求安稳，但面对未来的世界，剧烈变化的职场还有安稳吗？

过去社会在乎的，是追求名校，但贴上名校的标签，就能确保人生顺利成功吗？

过去社会在乎的，是追求温饱，但当温饱不难时，大家努力的动力又从何而来?

我们的下一代，固然会因为我们这一代人的奋斗和社会经济的发展而生活相对无虞。从这点来说，他们是幸福的。然而从另一个角度来说，他们也是最令人同情的。

他们这代人，未来所要面对的挑战是无比巨大的。因为他们所处的这个世界，全球化程度之高、气候变迁问题之严重、人口问题之复杂，都是人类历史上从来没出现过的。因此他们这代人很“可怜”，他们会遇到许多人类历史上从来没有出现过的、找不到范例答案可以依循的问题。

他们这代人，必须靠自己去面对未来世界的剧烈变化，以及种种他们的师长们从来没有遇到过的问题。这些问题都将落在他们的肩上。但我们现在的教育是否能帮他们准备好呢? 华人社会一直以来只看重知识、只看重应试、只看重分数、只看重排名，我们的学生在这种不断被逼做题考试拿高分的长期训练下，思维逐渐变成只会解决曾经看过的问题。这样的学生长大后能有自信和能力去面对一个变化剧烈、问题重重的未来世界吗?

接下来的二十年，我们只能确定一件事：稳定将不复存在。我们的教育该做的，是帮助孩子们建立应“变”能力，使其今后不管遇到什么新的东西，总能很快地学会它、掌握它。这样的孩子长大后，不管世界变化得多快，他都能安然处之！

在世界各地，随着新创公司的蓬勃发展，越来越多的工作单位看重的是年轻人是否有能力，而不是学历。但在亚洲，仍有许多师长固守传统的价值观，认为考上名校就代表孩子在未来能够成功。这样的价值观已经越来越非必然。我们的学生从小就被迫为了拿高分而学习，与此同时，他们也牺牲了很多能力与格局的养成机会。这对他们的未来发展其实是很不利的，我们的教育观念必须有所改变！

但教育要改变，谈何容易。

不但老师的观念要改，家长的观念要改，连学生的观念也要改，这些都非一蹴而就。可我们怎么帮助老师了解改变的重要性？我们如何让家长和学生知道传统的以升学为主的教育价值观的问题？我们可以用什么样的新教学思维来帮学生培养能力？甚至，我们该怎么做到真正有效的教师发展，让老师们愿意发自内心地去改变？

这本书就是为了回答这些问题而写的。过去五年，我在亚洲各地推动翻转教学、教学创新，也很荣幸地成为 2014 年在沃顿商学院举办的全球首届教学创新奖的首奖得主。还有幸打造了一家技术领先的教育科技公司，带着年轻人创业。不同于一般的教授、老师，这几年创业的经历让我有机会看到业界的需求和趋势，也让我反思了当今教育跟世界趋势的落差。

创业的经历，让我看到了教育需要改变的地方。也因此，我很想让华人社会看到教育的不同可能性，我要办一所很不一样的学校。2015 年，我创办了“无界塾”，一所横跨小学、初中、高中的新形态实验教育机构。“无界塾”的老师们致力于启发潜能，实现以能力为本的差异化教学，把孩子们培养成具备独立思考、自主学习、团队合作与积极解决问题的能力，而且善良、利他、有影响力的人。这几年，我们培养出许多很棒的孩子。我念兹在兹的，就是如何在实务中找到方法，帮助老师改变自己的教学，进而帮助学生培养重要的能力。

除了创业、创办学校以外，我在台湾大学教学发展中心担任副主任六年，帮助学校做好教师发展工作，让台湾大学许多教授由衷地愿意改进自己的教学。我把这六年教师发展工作的成功诀窍也在本书中与大家分享。另外，作为家长、作为学生，应该如何用更开放的态度来看待自己的教育与未来，也是我在书中想跟大家一起探讨的议题。

我是一名大学教授，是教学发展中心副主任，是新创公司和“无界塾”的创办人，同时也是两个孩子的爸爸。不同的身份，让我看到了许多别人看不到的事物。我想把我对教育的所见、所闻、所思，分享给每一位关心教育的朋友。

自　序

这是一本写给老师、家长、学生的，关于如何因应未来世界而改变自己教育价值观的书。期待这本书能帮助更多人学会怎么学、学会怎么教！

目　　录

Part III
教学创新篇 61

Part IV
BTS 教学篇 105

Part V

BTS 翻转篇　141

Part VI

营造动机篇　179

Part VII
教师发展篇　209

Part VIII
亲子教养篇　235

Part I
价值理念篇

在这世间有这么多的工作，

我们何其有幸能做这个有机会影响这么多人生命的工作！

所以我真心觉得，

当老师真的是“the most wonderful job in the world”！

本篇导读

1

你，是为了什么做这个工作？

缘由不对，看的尽是苦；缘由对了，苦也就不苦了。

我们每个人都应当时时反思，究竟是为了什么，

我们才继续做自己的工作呢？

每个人对于人生职业的选择，都有其脉络。我为什么把老师这个工作当作我的职业？我想就从我父亲开始说起吧。

我的父亲，叶胜年教授，是早年留美学成后回来的少数人之一。他曾被派去美国无线电公司（Radio Corporation of America，RCA）取经，随后投入建设台湾第一座集成电路工厂。后来，他到了台湾工业技术学院（台科大前身）当教授。我就在台科大后面的教授宿舍长大。

我父亲对学生非常严厉，学生看到他都很敬畏。可是他对学生很用心，常常把学生“抓”回我家，在餐桌旁督促学生改论文。有学生父母早逝的，我父亲过年时会找他们来家里围炉，让他感受家庭的温暖。当时我只觉得有陌生人来我家，实在够讨厌的！

后来，我发现我爸的学生毕业后常常来找他。别人是结婚时送喜帖给老师就很不错了，他的学生则是带着女朋友来我家跟老师报告说："老师，我要跟她结婚了！"（我心想那个女生心里一定超尴尬，来见一个陌生的老师。）别人是小孩满月时送油饭给老师就很不错了，他的学生则是抱着小孩来跟老师说："老师，我家小孩满月了。"这些情景，我从小看到大，对教师这个工作的憧憬，也因此与日俱增。

想想看，作为一名老师，我们全心地去帮助学生，让他们的生命因为我们而有所改变，让他们的人生也能因为我们而走得更成功、更圆满。他们在日后的人生中，每当有成功、有快乐的时候，就会很想把他们人生中的喜悦与我们分享。这世间还有什么比这更好、更开心的工作呢？

有机会影响许多人的生命

教师是这世上最好的工作。不是因为它是铁饭碗，不是因为它有寒暑假，更不是因为它有退休金，而是因为教师真正有机会去影响许多人的生命，让他们变得更好。教师能够去帮助别人的生命提升、进步，这世上没有比这更重要的工作了！这也是我从小就对教师这个工作有着憧憬的主要原因。

我自己的教书生涯也跟别人不大一样。我于 2000 年到美国密歇根大学安娜堡分校念博士，在 2001 年时当上助教。密歇根大学的助教很多都要上讨论课，很多课都是老师给助教一些讲义或是作业题目，让助教去讲解。这是我教书生涯的开端。我当了助教之后，老师也没有计划要我讲什么，他让我随意。为了做好这个工作，我开始跟课。这一跟就是四个学期。同样的课，四个学期，136 堂课，我没缺过一次。每学期的跟课，我都会去观察老师这学期教得快还是教得慢，哪里教得清楚哪里比较不清楚。随后，我会在我的讨论课上去帮他补充。

密大的规定，并没有要求助教跟课。

一般的助教都是跟老师要讲义、要材料、要题目，然后去讲解。我从来没跟老师开口要过东西。我自己设计了一套讲义，讲义系统地介绍了我自己对于那门课所悟出来的种种秘籍，对学生理解题目和解题非常有帮助。这套讲义恰恰跟老师那满满都是证明的讲义形成了完美的互补。学生对我的讲义非常感兴趣，我的课大家都不敢缺课，生怕拿不到我的讲义，听不到我的讲解。

密大的规定，并没有要求助教要自己编写一套讲义。

有一年，我跟指导我的教授会面时，得知他下周要出差去开会。我问他：“您教的概率课怎么办?”他说只好停课，以后有机会再补。我立即跟他争取，请他务必给我这个机会，把一个星期的课都交给我，我来帮忙教。教授看到我这么积极，就决定让我教。这是我第一次站在课堂上讲授正式的课程。我花了许多心力去准备，第一堂课学生完全没有反应，超冷。我心里非常难过。朋友安慰我说外国人来当助教，教得不好是正常的。可我真的很不甘心！第二堂、第三堂课我加倍努力准备，终于得到学生很好的响应。我也因此得到了独立教授一门课的自信。

密大的规定，并没有要求助教要帮缺席的老师补课。

2003 年，我当助教的那门课，原先预定教课的老师没办法教了。系里找到我，问我能否帮系里教这门课。我连想都没想，就说没问题，交给我吧。那一整个学期，我真的快累趴下了。系上付给我的是助教的薪水，可是我做的是一个教授的工作。但我做得很开心，因为英雄缺的是舞台，不是薪水。多亏我之前当助教时自己曾经撰写讲义、开发教材，所以我教这门课的时候，有充分的能力去备课，教得很扎实。学生给我非常高的评价。从那之后，直到 2005 年毕业，我都是系里的讲师，还帮他们开授另外一门课。这些课都成为我回台大电机工程学系之后开课的重要素材。

密大的规定，并没有要求助教要帮系里当讲师授课。

在那四年的时间里，我做的事情远远超过学校对助教所预期的。我每学期最期待的就是学期末，系里要对我进行教学评鉴的时候。每次打开教学评鉴，看到许多学生写着："Benson，you are the man!" "Benson，thank you so much. If it were not you，I would……"① 让我确切地感受到我自己的努力让好多学生学得更好，学得更懂，那种快乐直到现在都是我没办法戒除的上瘾症。

2005 年，我回到台大电机系教书，这是我教书生涯另一个阶段的开始。台大电机系的学生都非常优秀。面对一群这么优秀、聪明的学生，作为老师，其实压力很大。他们会不会听我的话？会不会对我服气、听我教？我一点把握都没有。

人生的引导和启发

既然没有把握，只好更加全身心地投入。在教学创新、学生辅导、专题研究等方面，我都投入很多心力在这群学生身上。特别是我看到这群很会念书的学生，他们从小到大，其实最缺的是师长对他们人生的引导和启发。因此，我期望自己不仅要当他们的"经师"，还要当他们的"人师"。在课业之外，我时时刻刻都在找机会，跟他们分享我的人生经验，希望能让他们对人生的

① Benson 为作者的英文名字。译文："你真厉害！" "太谢谢你了，要不是你，我早就……"

价值和选择有不一样的思考。

在大学，由于课业进度的压力很大，老师们为了完成教学进度，其实已经很辛苦了。对于自己在课业以外希望给学生更多的人生引导，其实我一直不知道到底有没有效。直到 2011 年 6 月毕业典礼的那天……

你的话，我们会记住

那一年代表毕业生致辞的是陈柏亘同学。我以前教过柏亘，所以在他致辞的时候，我就很专注地聆听。柏亘讲得非常精彩，不时引起台下学生们的共鸣。柏亘讲到一半的时候，突然说道："就像叶丙成老师教我们的，我们……"当时，我完全没有心理准备，我万万没想到他会在致辞时提到我教他们的点点滴滴。

当时很多人看着我，在那个时刻，我整个人像被电到一样，全身的鸡皮疙瘩从尾椎蔓延到后背、一直到整个头皮都发麻。这样的体验，我这辈子只有两次。另一次是在 2003 年，我在产房看着我太太辛苦生了好久，终于把我们家小叶"挤"出来的那一刹那。看到刚出世、哇哇大哭的小叶，初为人父的我，当时也是整个后背到头皮都被"电"得发麻。几年后太太在台大医院生小小叶，结果进产房十五分钟，小小叶就来报到了，那时我就没有太强烈的感觉了，鸡皮疙瘩还没蔓延到后背，只约莫到尾椎而已。

真的是值得了！想想看，当一个老师对学生很用心，然后学生在毕业离开学校前的那一刹那，用这样的方式让我们知道："老师，您跟我们讲的我们都记得。我们离开学校后会记住您的话，好好努力！"看到这样的场景，我们当老师的，会觉得过去辛辛苦苦花的所有心力，全都值得了！这也是为什么虽然业界薪水比教授薪水高好几倍，甚至我们的学生念两年硕士后去业界的收入就是我们的两倍，许多老师还是愿意留在校内好好打拼的主要原因。因为我们图的就是这种感动！一个老师看到学生成长的感动，是千金难买的！

老师真的是这个世界上最美好的工作。大家想想看，这个世界上有这么多工作，但能够深刻影响别人生命的工作只有两个：一个是医生，一个是老师。医生对别人生命的影响，是减少病人的苦痛。但作为一名老师，我们对别人生命的影响，是我们留在学生心中的价值理念。

当老师把一些很重要的价值传递给每年班上的几十位学生，而这几十位学生将来或许成为人家的主管，或许成为人家的老师，又或许成为人家的爸妈。他们把我们说过的话一棒接一棒地传递给他们的下属、学生、孩子。想想看，我们这些老师在教室里所说的每一句话，居然都有机会影响到这么多人的生命！这真的是功德无量的工作。

在这世间有那么多的工作，我们何其有幸能做这个有机会影响这么多人生命的工作！所以我真心觉得，能够当人家的老师，真的“非常棒！”

这就是我想当老师的缘由，你又是为何想当老师呢？是为了铁饭碗、退休金？还是为了影响别人的生命？若是前者，你就会像蹲监牢，每天数着日子苦熬，这种日子会快乐吗？如果是后者，你每天看在眼里的，都是学生因为你而成长的点点滴滴，自然每天都会很快乐。

缘由不对，看的尽是苦；缘由对了，苦也就不苦了。

我们每个人都应当时时反思，究竟是为了什么，我们才继续做自己的工作。只要想通了，我们的人生就会开始往好的方向发展。

你究竟是为了什么才当老师呢？

2

一群对未来没有想象的孩子

让小朋友看到更多外面的世界，

对未来能有更多的想象和梦想，

进而有机会开拓出一条完全不一样的人生道路。

当老师去影响别人的生命，真的是世上最有福报的工作。既然我们有这个福分当人家的老师，能影响人家的生命，我们就有义务去思考作为一名老师，我们的价值究竟是什么？

2014 年，我应邀参加一个教育论坛。除了我之外，主办单位还邀请了其他三位演讲者。在四位演讲者中，有一位年轻的女老师，我从来没见过。在她上台演讲时，我才知道这位詹老师是一位偏乡的老师。她大学毕业后先去出版社工作，几年之后决定辞职去桃园山区教原住民的小朋友们。

在演讲中，她分享了在偏乡看到的情况，我们听了以后才发现过去对偏乡的了解不够准确。以前我们觉得偏乡教育最大的问题是很缺资源，但这几年在教育主管部门和企业的捐助下，资源短缺的问题已经慢慢获得解决。她认为偏乡碰到的最大问题，是偏乡部落小朋友的爸爸、妈妈、叔叔、伯伯、阿姨们，他们大多靠打零工为生。小朋友举目所及的大人都在打零工，自然而然会觉得所有的大人都应该是这样子，那就是他们长大以后该走的路。念书对打零工好像也没有帮助，那还有什么好念的？甚至还有学生跟她说："老师，我毕业后就两条路，打零工或加入帮派，你觉得哪一条路比较好？"

把世界带进来，看到不一样的人生

詹老师认为偏乡教育最大的问题是环境太封闭，小朋友看不到外面的世界，他们也因此对未来的人生完全没有想象、完全没有梦想。他们的想法就是跟他们的爸妈一样，未来就是继续复制爸妈的人生。为此，詹老师非常努力，她从台北邀请许多人到偏乡跟孩子们分享。他们是做什么样的工作？这个工作的意义在哪里？如果想要从事这个行业，该如何准备才会有机会？詹老师希望通过这样的努力，可以让小朋友们看到更多外面的世界，对未来能有更多的想象和梦想，进而有机会开拓出一条完全不一样的人生道路。

听了詹老师的分享，我非常感动。回家以后，我又想了很多。我在想，偏乡的小朋友对未来没有想象，对未来没有梦想，是受限于环境的封闭。那城市里的小朋友呢？难道他们就对未来比较有想象、比较有梦想吗？我发现，没有啊！大部分城市里的孩子对未来也是毫无想象、毫无梦想的。

我回想自己十几岁的时候，我的梦想是什么？我那时候只有一个想法，就是要提高学习成绩，以后才能考上台北最有名的男子高中。我发现我那时候对未来根本没有想象，根本没有梦想！

不只我这样，许多大人也这样。二十年之后，我们有许多人当了老师，我们的学生比我们对未来更有想象、更有梦想吗？还是很多人没有！偏乡的孩子对未来没有想象，是因为封闭的环境让他们看不到外面的世界。那城市里的孩子呢？他们的环境并没有很封闭，但为什么也对未来没有想象呢？

问题出在哪里呢？很多时候问题出在家长和老师身上。因为很多家长和老师都只在乎孩子的成绩、孩子能否有好学历。梦想什么的，先丢到一边再说。然而，作为一名老师，盯住学生的成绩，帮他们考上好学校，真的就是老师的核心价值吗？

我不觉得那是老师的核心价值。

那老师的核心价值到底是什么？我常常在反思这个问题。我们教的学生，有没有因为我这个老师，他的思考更加全面？有没有因为我这个老师，他的素养更加深厚？有没有因为我这个老师，他的处事更有智慧？这些事情都很重要，都是孩子未来能不能成功的重要因素。那要靠谁帮他们培养这些一辈子受用的能力呢？难道不该是老师吗？

如果我们当老师的，不能让我们的学生思考更全面、素养更深厚、处事更睿智，那谁来帮他们形成这些能力呢？谁来让他们有能力面对未来人生的挑战呢？如果这些事情，我们都帮不上忙，那我们这些老师又有何用？

建立一辈子受用的能力

以前我们当学生时可能在这些事情上较少被启发，但既然我们现在当了人家的老师，就应该把握这个机会，尽力去改变，让学生因为我们的教导而更成熟、更有素养、更有智慧，帮助他们形成一辈子受用的能力，这就是我们老师的天职！

在我的教师生涯中，有一件事情对我影响很大，那就是我父亲退休。我父亲 1973 年在美国完成学业，取得博士学位。那时台湾的状况不是太好，所以很多人完成学业后就留在美国，不敢或不能回台湾。但我父亲觉得学成后就应该回来做贡献，所以他毅然地回到台湾。后来我父亲又被送到美国无线电公司学半导体技术，与他同去的一些人后来成为电子业大亨。我父亲因为是农家子弟，一路苦过来的，所以非常照顾下属。他常常为了下属去跟上级争取权利。有一次他跟上级吵起来，一气之下就辞职去台科大当了老师。

在台科大执教三十几年后，我父亲正式退休。在他退休时，他历年教过的学生们专门为他办了一场退休餐会。我印象非常深刻，餐会有二三十桌，他几十年来教过的学生几乎都出席了。餐会前台备有麦克风，吃饭时，我父亲就看着每一位学生一一上台述说老师以前对他们的点点滴滴，以及他们因为老师而在日后的人生中有了什么样的成功境遇。我一边听着，一边看着我父亲，不禁红了眼眶。他们一个接一个，讲了三个多小时，非常温馨、非常感人。

讲完后，这些师兄们就要求我也要上台讲。其实，我跟我父亲是那种很老派的父子关系。什么意思呢？就是在别人面前，老爸很少说儿子好，儿子也很少说爸爸好，平常都是靠老妈传话的。所以当师兄们推我上去，要我当着那么多人的面去讲我爸多好多好时，我……我实在讲不出口！可是没办法，形势比人强。两三百位师兄一直跟我说："你老爸退休就这一次啊！快上去吧！"群众的压力实在太可怕了，不上去讲实在不行，我只好硬着头皮上台了。

天底下最富有的人

上台之后，我很真诚地把我内心满满的感动跟大家分享。我说："虽然这些年来，老妈有时候还是会感叹当初如果老爸没离开原来的单位，我们家可能会很富有。但是，今天这个晚会让我很深刻地感受到，其实我父亲才是天底下最富有的人。因为他拥有你们这些学生对他的爱、景仰和感激，这是再多的钱都买不到的东西！"讲完后，老爸跟他的学生们都很感动。这算是我送给老爸的退休礼物吧！

老爸的退休餐会，让我对于老师的真正价值有了很深刻的认识。在那次之后，我常常想象二十几年后自己退休时的情景。我常常自问，到了我辛辛苦苦教了二三十年后退休的那一天，如果有这样一个餐会，我到底有没有办法在台上很大声地对所有人说：

"我这辈子很自豪，我帮学生培养一辈子受用的能力！

我这辈子很自豪，我让很多学生对学习都很有热忱！

我这辈子很自豪，我教出在未来很有竞争力的孩子！"

我希望我在退休的那一天，可以很大声地对所有人讲出这三句话，因为这样才表示我的教书人生是有价值的，这几十年来的努力也才有意义。如果退休的那一天，这三句话我没有一句能大声讲出来，那这二三十年的人生，我到底在干什么？我的人生还有什么价值可言？

帮学生培养一辈子受用的能力，让他们对学习有热情，让他们在未来有竞争力，让他们对未来有想象、有梦想，这就是我们作为老师最该做的事情。唯有如此，才称得上是“人师”，也才不枉我们来世上走这一遭！这样的人生也才有价值，有意义。

衷心希望，以后让孩子们对未来没有梦想、没有想象的，不再是我们这些大人。

3

走出自己的路，别被人绑住！

在这个世界上，真正有资格论断我们这辈子的工作

是成功还是失败的，只有一个人，就是老师自己！

在某次大型翻转课堂工作坊里，当我讲完 BTS① 翻转课堂的操作方法后，有一位老师当众问我：“叶老师，你这翻转课堂的方法很棒。请问如果我采用这种教学法，而我班上的成绩变得比其他老师班的差，我该怎么办？”

我听到这个问题，顿时愣住了，一时间还真不知道该怎么回答。我思索半晌后，与这位老师有了后续的这些对话：

丙绅：请问这位老师你是正式教师还是临时教师？

某师：我是正式教师！

丙绅：那请问在你们学校，如果正式教师班上的成绩比别的老师差，会不会被辞掉？

某师：不会！

---

① BTS，乃作者新创的教学法，全名为“By the student，for the student，of the student”。

丙绅：（双手张开耸肩、一副痞子欠打的模样）So？Why bother then？

某师：……

丙绅：老师，请容我给你举一个比较极端的例子。如果你们学校有个老师，他班上的成绩比其他班都差，是整个年级的最后一名。但这个老师带的班很有向心力，同学之间的感情非常好，学生们做事情都很积极、很利落，而且搞活动都非常成功，待人处事也都非常有礼貌、非常成熟。请问，你觉得这位老师是不是一位失败的老师？

某师：……也不能这么说……

丙绅：说得对！你这句“也不能这么说”，就表示一个老师的成功没有绝对的标准！

老师的成功与失败，谁可论定？

我不禁要问，一个老师的成功，究竟该由谁来论定？是同事？是学生？是家长？是校长？是主任？还是教育主管部门？在这个世界上，究竟谁才能论定我们的工作是成功还是失败？

答案其实不是同事，不是学生，不是家长，不是校长，也不是主任，更不是教育主管部门。在这个世界上，真正有资格论定我们这辈子的工作是成功还是失败的，只有一个人，就是老师自己！

老师怎么论定自己的成功与失败呢？就是要先看自己对教学有没有一个中心的思想理念与价值。简单地说，就是在我们的脑海里，到底有没有一个自己最想要教出来的学生模样。当我们的脑海里有了这样的想法："喔！我就是要教出这个样子的学生！"你才有办法衡量自己的教学是成功还是失败。

怎么做？很简单！就是在每学期、每学年的教学告一段落后，把自己教出来的学生跟自己脑海里想要教出来的那种学生进行比较，并问自己："我今年教出来的学生，有没有我想教出来的样子？"

如果有，恭喜你！这表示你今年教得很成功！

如果没有，那就表示你今年教得不是很成功，要再思考究竟该怎么修改才能让学生往你想要的那个方向发展，要怎么样才能让学生更有你想要的模样。

当每位老师都有自己对于教学的中心价值和理念时，他们的生命才会有一个主轴，他们才知道自己要往哪个方向一步一个脚印地前进。但很可惜的是，很多老师并没有走出自己的路来。很多老师就是因为缺乏中心价值和理念，自己心中没有一个真正很想要教出来的学生模样，所以才无从判断自己是成功还是失败，以至于最后只能靠着有形的、能跟别人比较的那些成绩和数字来定义自己的成功或失败。一辈子就在别人定义的游戏规则下，载沉载浮，非常悲哀。

就算老师真的对拼成绩很有一套，在教书的这几十年间，每年班上的成绩都是全年级第一名。请问在退休的那一天，他就真能很自豪地大声讲出上一篇里所说的那几句话吗？

“我这辈子很自豪，我帮学生培养一辈子受用的能力！

我这辈子很自豪，我让很多学生对学习都很有热忱！

我这辈子很自豪，我教出在未来很有竞争力的孩子！”

刻画出自己想教出来的学生模样

如果你无法讲出这三句话，即使在教书的几十年里每年都能带出全年级第一名，你的生命就真的很有价值吗？

这真的是你要的人生吗？

为什么要把自己的人生交由别人来论定呢？

难道那些数字就足以呈现你对班上学生的种种付出吗？

为什么要让自己陷入这种永无止境也跟人比较的境地呢？

老师，可以有更宽广的人生。只要有自己的中心价值和理念，能在自己的脑海里刻画出自己想教出来的学生模样；只要我们的教育理念能真正帮助孩子学得好、真正帮助孩子成长，凭什么有人可以因为成绩来对我们颐指气使、指指点点？没有人可以！

只有当你开始塑造出自己的中心价值和理念，而且很坚定地去努力实践，你才能真正活得自由。因为你很清楚自己要走的方向，并且非常清楚地知道，在这条路上你自己目前是成功的还是仍需继续努力。你完全不需要再跟别人比较，你可以从此解脱，跳出那个永无止境、跟人比较的境地。这样的人生多么自由！这样的人生多么快乐！

当你有了自己的中心价值、有了自己的理念，你才会觉得老师这个工作是有趣的，因为你会看到自己是往生命的主轴方向前进；你才会觉得自己有着一个持续成长进步的人生，而不是不清楚自己每天到底在忙什么、到底成就了什么。这个工作对你才会产生真正的意义，而不再只是一个养家糊口的营生。

所以我真心地盼望每一位老师都能找到自己的路，不要被别人绑住。我们都要好好去想，在自己退休前的教书生涯中，你想要教出什么样的学生？你的中心价值和理念是什么？

4

如何成为无可取代的老师？

有没有什么事情是只有你可以对你的学生做，

而慕课或补习班老师没办法对你的学生做的？

2012 年 MOOC（massive online open course，慕课）的出现，对全世界的教育都造成了很大的冲击。相较于十多年前源自麻省理工学院（MIT）的 OCW（open courseware）开放课程，慕课这种新一代在线开放课程有了革命性的进步：上课视频皆分成十五分钟一小段在棚内录制，视频节奏明快，视频内有互动性问题，课程具备可自动批改的作业与试题，免费修课，合格者可获得结业证书。这是过去从未见过的新趋势，因此也对教育造成了很大的冲击。

以源自斯坦福大学（Stanford University）、全球最大的慕课网站 Coursera 为例，自 2012 年成立以来，Coursera 锁定全球顶尖大学为其制作课程。被邀请加入的世界名校，皆将其视为自己学校在国际上的教学橱窗，因此都把自己最有特色、最有口碑的课程放到 Coursera 的平台上。由于世界名校好课聚集，在短短两年时间内，Coursera 的全球学生人数就突破一千万人，成为全世界最大的在线教育网站。慕课俨然成为平民百姓接触世界一流教育的主要媒介。

除了高等教育外，慕课也冲击了 K—12 教育。美国的可汗学院（Khan Academy）在获得微软创始人比尔·盖茨的资金捐助后，制作了涵盖数学、科学、人文、程序等各个科目的高水平教学视频和交互式练习题。在美国有许多中小学教师都利用可汗学院的教学视频开展翻转教学。

慕课的出现，对于老师究竟会有什么样的影响？我认为，慕课会在未来对老师的角色造成很大的冲击。为什么呢？

与全天下竞逐最好的老师

老师们要记住，在美好的过去，我们只需要跟自己的同事竞争。但是在慕课和翻转教学的浪潮下，跟你竞争的还包括各国最会教的顶尖教师们。为什么？因为当你只把自己定义成一个讲授者时，你的核心价值就只是在课堂上给学生讲课。问题是，你可以对你的学生讲课，网络上的那些名师录制的授课视频也可以对你的学生讲课。那些敢把自己的授课视频放在慕课平台上的老师，都是教得很好的老师。

当跟我们竞争的是全天下最好的老师时，还有哪位老师敢说自己讲得最好，绝对不会被学生舍弃?

当老师把自己的价值全押在讲课上时，是很危险的，因为他很容易被视频取代。学生会觉得视频里教得很清楚的那一位才是真正的老师。而教室里面那个讲得不清不楚的“家伙”，若不是手上还掌握着大家考试的生杀大权，学生根本不会把他当回事。有的老师以为我在危言耸听，其实一点也不是。事实上类似的事情在以往的教育界老早就发生过了。

以中学数学为例，除了老师可以在教室讲解给学生听以外，外面补习班的老师是不是也可以讲呢?当学校老师的讲解没有补习班老师精彩的时候，学生会怎么想?学生心里面往往是把补习班那位很会讲的当作老师，而教室里面的那个只被当作一个可有可无的戏偶。只会讲课的老师被学生舍弃的现象，早就已经出现，将来只会更严重!因为那时不只是补习班的老师会来抢你的学生，连慕课的视频也在跟你竞争。更可怕的是，补习要钱，而慕课绝大部分都是免费的，将来的覆盖面会更广，对老师的冲击会更大!

因此，每一位老师都应该认真思考：在后慕课时代，身为一名老师的核心价值究竟是什么?我们该怎么做才不会被视频淘汰、被视频取代?

其实这个问题可以转化一下，就是要大家去思考：到底有没有什么事情是只有你可以对你的学生做，而慕课或补习班老师没办法对你的学生做的？如果有，那才是身为一名老师不会被取代的真正价值！你能找到越多这样的价值，你就是一名越不会被时代所淘汰的老师。

究竟什么是只有你可以对你的学生做，而慕课或补习老师没办法对你的学生做的？这个问题好难……啊！体罚算不算？

哈！当然不算！

这个问题的答案应该更深刻，也是我们这本书的宗旨。我希望看完这本书后，可以帮助老师们找到自己未来在教学上独一无二、无可取代的价值，而且还要帮助老师们真正将其在自己的教学中实践。

如何成为一个无可取代的老师？答案就是教书十八年以来，我所深刻领悟出来的一句话："for the student，by the student，of the student！"

个中含义为何？又该如何落实？且待本书娓娓道来……

Part II
人才能力篇

未来的年轻人，必须具备四大能力：

会思考、会表达、会自主学习、会面对未知变局。

因为他们未来面对的几乎都是以前没碰过的问题，

为了解决这些问题，他们要靠自己去想、自己去学，

而且还要有面对未知的自信与韧性。

本篇导读

5

别逼孩子吃喉糖！

不是把学生关在学校、关在教室，逼他们修一大堆课，

他们就会好好学、学得好、学得多！

华人社会有个很大的迷思，就是把学生当小孩子，认为塞给他们越多知识，他们就会学得越多。通过观察台湾的学期和学分制度，我们就能看见问题所在。

这些年来，我常常听到老师（都是教学很用心的老师）说 18 周的学期长度实在太长了。这么长的学期，搞得师生到学期末个个都很疲累、失焦。跟其他地方的老师相比，我们的老师也少了很多可以用来进行深度研究和教学创新的时间。

美国大学的学期普遍都比 14 周短，普林斯顿大学和哈佛大学都是 12 周。我在美国密歇根大学当讲师的时候，学期是 13 周，其中有 3 周用来进行期中、期末考试，整个课程真正拿来上课的只有 10 周。而我在这 10 周教的内容，拿回来教 18 周，只能勉强教完，而且学生还觉得负担很重。

我说给学生听，学生常觉得不可思议。台湾大学工商管理学

系的一位老师讲述自己在牛津大学念书的经历时说："牛津大学每学期 10 周，但正式上课只有中间 8 周。然而每一门课的分量都跟我们一学期 18 周相差无几。"

为什么这些学校的学生能在这么短的时间内学完这么多东西呢？下面以在密歇根大学读电机系的 Johnny Chang 为例。他说："我在密歇根大学读电机系时，修个 12 学分就很累了，因为光上课、作业、专题、实验就占了每天从早到晚的时间。认真的学生每天晚上大约 12 点睡觉，早上 5 点就起床到图书馆念书，周一到周日都不例外。"

其实，我们跟美国学生在课程的学习强度上有很大的差距。原因在哪里？主要是"学期太长""学分太多"。在这双重因素的影响下，学生的学习就容易出现疲累。

学期太长还会带来另一个问题。老师在教学和研究上，没有足够的时间可以进行深度思考与创新。我在密歇根大学时，暑假有四个月，因此可以做很多研究，想很多问题，进行很多教学创新。在台湾，学期结束课才刚教完，成绩弄一弄、整理一下，一眨眼只剩一个月就要开学了，实在很难有时间做研究或进行教学创新。

孔令杰老师的观察非常精辟："大学教授真的需要留一点时间给自己，这样才能持续充实本职学能。把教授的时间绑得死死的，用长学期授课，塞满教授一年的行程，这样五年十年下来，教授很容易就跟学术前沿、最新科技和社会脉动脱节，自然无法把学生教好。教授需定期休假进修，就是这个道理，可惜大家都只觉得教授过得很爽。”

学期长学分多，塞爆的“学习”

有些家长可能会担心，暑假时间变长，孩子只会把时间混掉。请大家记住，你的孩子已经不是幼儿园孩童了！很多人认为把孩子关在学校就觉得他有事做，只要他修很多学分，就会觉得他在学习。这种心态就跟孩子在幼儿园放假时，父母巴不得自己的小孩能天天关在学校上课差不多：“把孩子送到学校，我们就轻松啰!”孩子在幼儿园时家长这样想也就算了，现在孩子都已经上大学了，有些父母还是希望暑假短一点，让孩子多待在学校一段时间。

这样真的好吗?

我们都把大学生当幼儿、小学生看待，也把教授都当没教课就没事做的一群人看待，所以才会误以为学期越长越好。美国的暑假虽长，但那四个月并不是“放羊”。在美国，很多学生都会找地方实习四个月，学到很多东西，而在亚洲实习大多都是两个月，好像蘸酱油一样，然后为了有深度的实习，只好开学后牺牲上学的时间，每周去公司一两天。这在美国反而罕见。其实，暑假四个月可以让学生通过实习学到很多东西，或进行深度研究。不管怎么样，都比逼他们在教室里多听一堆课更有用。

常常有人批评我们的学生跟社会脱节，但大家何不反思：我们的社会制度何曾给学生足够的时间去接触社会？一年只有两个多月时间，学生怎么有机会去深入人群、了解社会？一方面想把他们关在学校里，一方面又抱怨他们毕业时不懂这个社会，真是何其怪哉？

不过学期的缩短也应该跟毕业学分的减少双轨进行才对。不然学期缩短了，可是每个学生还得修那么多学分，问题根源还是没有改变。大学安排一堆课给学生，一学期要修二十多学分，结果学生考试完一个月后就忘光了。这种学习其实意义不大。学生学分拿到了、成绩也很高，那又能怎样？如果知识和观念都没有好好参透，根本就是徒劳的！

大家应该思考哪些科目、哪些基本能力是大学生应该具备的，应该扎扎实实学习的。到时候不管做什么研究，需要修哪些更深的课程，都会因为他们具备扎实的基本能力，所以都能学得很快、学得很好。至于哪些课能培养学生的基本能力，那是各院系自己要思考的。不过很可惜的是，这个问题的讨论往往流于各领域各有想法、各说各话，以致没有结论。

这些问题虽然根深蒂固，盘根错节，但不该再回避。美国顶尖大学的院系往往每五年就要检讨自己系里开设的课程，并及时进行调整以适应时代的发展需求。我的学长李宪信教授在美国乔治亚理工学院电机与计算机工程系教书，他们每五年检讨课程的时候，讨论都非常激烈，甚至有老师对骂。但就是在这样的激烈讨论中，系里的课程才得以一直演化前进。

话说回来，要减少学期长度和毕业学分数目，最大的问题是社会大众的心态。我的邻居每次看到我都说："今天没课啊？那可以在家好好休息啰！"听得我很无言。许多人都觉得教授就是教课而已，根本不知道我们除了教课以外，还有非常重的研究压力、行政服务等许多工作。现在若要倡议通过减少学期周数来提升教学质量，很多人可能听不进去，也无法理解为什么让学生少学一个月对学生比较好！甚至只觉得："这些教授又想一年多放两个月的假。"

我们的大学学期真的太长、学分真的太多。我们的社会应该好好思考这个问题。不是把学生关在学校、关在教室，逼他们修一大堆课，他们就会好好学、学得好、学得多！这样的想法太一厢情愿了。我常常在网络上看到学生在问什么课又凉又甜可以选，我经常这样回答："要凉要甜，你怎么不去买喉糖吃！"小孩不是只要有东西吃就好。如果每天只吃喉糖，喉糖吃多了，也是会出问题的。

如果你不信，等下不要吃晚餐，去买一整盒喉糖吞下去试试看！

6

女孩，为何难过？

在未来的世界里，究竟什么才能使他们脱颖而出？是他们小学时的数学成绩？还是他们的团队合作能力与个人领导能力？

某次演讲结束后，有一位女士来到台前跟我说："叶老师，谢谢您的演讲，可以跟您分享一下我小孩的故事吗？"

我点点头。这位女士便开始说起她女儿的故事。

这位妈妈的女儿是个小学生。学期刚开学时，小女孩回家非常开心。妈妈问她为什么，女孩说："老师今天把全班同学分组，把小组同学的座位排在一起。在上数学课时，老师要大家用小组协同的学习方式，一起学习、一起讨论、一起互教。"女孩觉得这样学数学很有趣！正是因为这样学，她更懂数学了，所以很开心！

过了半学期，某天，女孩哭丧着脸回家。妈妈问她为何难过。女孩说："老师今天把大家的座位恢复成一个人一个位子。上课又变成以前老师讲、学生听的方式了。"妈妈好奇地问，之前用的小组协同学习方式不是效果很好吗？为什么老师又改回传统的教学方式了呢？

女孩说："听老师说是因为某位小朋友的家长前一晚打电话去投诉老师的教学方式。老师不得不屈服，只能改回传统的教学方式。"

女孩说完，又难过地哭了……

听完这个故事，我内心非常沉重。这个故事点出了台湾教育的关键问题。匿名的家长为何要打电话投诉呢？家长的想法是，自己的小孩数学成绩很好，凭什么老师要用小组方式学习，让小朋友们被一起计分？为什么自己的小孩要被组内其他数学成绩不如他小孩的同学拖累？

大人们可曾想过？当这些小朋友长大后，在未来的世界里，究竟是什么才能使他们脱颖而出，并在一个充满竞争的社会立足？是他们小学时的数学成绩？还是他们的团队合作能力与个人领导能力？

担心成绩被拖累，错失领导体验

一个小朋友的球打得不好、跑得不快，平时在同学间都没人愿意服他当"老大"。所幸他数学好，在小组学习的时候，数学没他好的小朋友需要依靠他来教大家。这可是这位小朋友非常难得的一次可以当领导者、历练自己的机会，你花再多的钱也无法买到这样的体验！

而他爸妈，却只在乎他的成绩有没有被其他人拖累……

如果我们大人只在乎小朋友的成绩，却不在乎他的合作能力与领导能力，小朋友从小接收这样的信息，长大后会变成什么样的人？可能他从小到大都成绩优异，进了名校后却不知道怎么跟人合作，也不知道如何带领别人一起完成工作。每次碰到大项目需要找人带领团队时，大家就你推我、我推你，不敢出来承担。这样的人如何能成大器？如何能出人头地？

常常听到长辈们数落年轻人积极性不够、胆量不够、韧性不够，遇事不敢勇于承担。数落之余，大家可有反思？这不就是许多家长的观念造成的吗？如果不是家长觉得成绩好最重要、考上名校最重要、挤进有名的公司工作最重要，孩子怎么会在长大后，一个个变得畏畏缩缩、无法应对大场面？

更悲哀的是，在全班三十个小朋友的爸妈中，只要有一位小朋友的爸妈是这样的。其他二十九个小朋友也只能跟着他们这样被教。即使老师对教育的认知很进步，肯用心、肯创新，还是会被迫对这种不合时宜的教育价值观妥协。这是我们的教育最大的难题……

何时才会有那么一天，我们的家长都能认识到孩子最欠缺的，是他们一辈子都需要的软实力，而不是那些考完就没用的成绩分数呢？期待我们可以一起努力，让那一天早点到来。

到那时，女孩将不再难过！

7

能力比知识重要！能力比学历重要！

我们培养出来的年轻一代，必须具备面对未知挑战的自信与能力，如此他们才有办法在这个社会存活。

社会上这几十年来的传统观念就是成绩至上、学历至上。老师、家长都很在乎学生的成绩和学历，总是告诉孩子："你就是把成绩考好，以后考上有名的大学，取得好学历，毕业后就可以进很有名的公司！"

对许多父母、老师而言，似乎只要有好学历、能挤进有名的企业工作，孩子的一辈子就妥当了，一切就 OK 了！但事实真的是这样吗？

其实，给孩子灌输这样的观念，是非常危险的。为什么呢？因为这个世界已经变了。大家想想看，诺基亚手机曾经在市场上不可一世。走在路上，很多人都拿着诺基亚手机。而今天，诺基亚过去的风光早已不在。我还记得自己当年在美国念书时，如果有人毕业后能到诺基亚工作，大家都好崇拜他，会觉得他好棒好棒。可是今天诺基亚当年的荣光何在？

楼起楼塌，快速转换的年代

大家必须认识到，这个世界跟过去的世界已经很不一样了。因为世界全球化的程度非常高，世界变化得非常快。因此，公司楼起楼塌都是三五年的事情。如果我们的社会、我们的大人，还持续灌输我们的年轻人："你就是把书读好，学历冲得很高，以后进到大公司，一辈子就妥当了！"这样的观念是非常危险的，因为你其实是害了这个小孩。如果孩子真的照这样的思维成长，只在乎成绩、学历，也顺利进入有名的企业工作。过了几年，公司垮了，这时候他必须去找第二份、第三份工作。

找第一份工作时，人家会看他的学历。找第二份、第三份工作时，人家还会再看学历吗？人家看的是这个人在第一份工作期间所展现的能力。学历只能帮他找到第一份工作，往后的人生，人家看的都是能力，不再是学历了。这个现象在创业圈尤其明显。因为创业的关系，我接触到很多创业圈的人。我看到不少人的学历很普通，可是在业界炙手可热，大家都抢着要。为什么呢？有的或因他程序写得超好！有的或因他设计能力超强！但要是一个学历很显赫，却什么都不会的人，在业界可就乏人问津了。

除了世界愈变愈快之外，我们的年轻一代在未来也将面临极为艰巨的挑战。我每年都会对大二的学生说："老师非常同情你们！”学生们都觉得我很奇怪，二十岁的他们青春正盛，为什么一个四十多岁的大叔要同情他们？

因为未来世界会面临很多问题，而且都是人类在历史上从未面临过的。比如，据说地球上的石油只能再用几十年。想象一下，几十年后，这些年轻人成为社会的中坚力量，但是石油已经快用完了，这对经济会造成多大的冲击？该如何面对？如何因应？没有人知道，因为人类在历史上从来没有出现过石油快被用完的情况，所以从历史上也找不到因应方法。

除了石油问题外，气候的变迁也愈来愈剧烈，对社会造成的灾害和损失也愈来愈大。这又该怎么面对？社会少子化、老龄化又将造成多大的冲击？林林总总的问题丛生，但经验匮乏的我们该怎么面对，大家都是摸着石头过河。

这就是我们的孩子在二十年后要面对的世界——一个充满未知挑战、未知变局的世界。请问，只是成绩好，有办法面对吗？没有办法。因为通常成绩好的孩子，都是在念别人整理好的知识。他们大多只会解决已经看过的问题。但是我们未来年轻人要面对的，却是人类历史上从未发生过的问题。要想面对充满未知变局的未来，靠的是他们的自信和能力，这是他们能否生存下来的关键。因此，我们培养出来的年轻一代，必须具备面对未知挑战的自信与能力，如此他们才有办法在这个社会上存活。

四大能力，因应没有答案的未来

我们当老师、当父母的人应该认真思考，到底要怎么培养孩子们。我认为在未来二十年里，真正能生存得好的年轻人必须具备四大能力：会思考、会表达、会自主学习、会面对未知变局。

因为他们未来面对的基本都是没碰过的问题，为了解决这些问题，他们要靠自己去想、自己去学，而且还要有面对未知的自信与韧性。此外，很多问题都不是只靠一个人就可以解决的，如何把自己的思考精确地传达给别人，也是不可或缺的能力。

除了这四大能力外，要在充满竞争的社会上取得成功，他们还需要六大软实力。哪六大软实力呢？其实很简单，大家回想一下，我们大人在这个社会上要能生存下来、能成功，靠的是什么实力？这就是孩子们未来最重要、最需要的。我认为有六大软实力：

1. How to find resources?（如何找资源？）

比如，今天你想要推动一件事情，你能不能在社会上找到资源，找到帮你推动的人。这很重要。

2. How to make friends?（如何交朋友？）

比如，你今天进了一家新公司，同事都不认识你。你能不能在很短的时间内，让很多人认识你、喜欢你、愿意帮你。这很重要。

3. How to play politics?（如何盱衡情势，合纵联盟?）

只要有人、有组织，就有是非，就有“政治（politics）”。你能不能看清楚这些人和事背后的“政治”，保护好自己？甚至应用一些情势帮助自己推动你想做的事情？这很重要。

4. How to identify key problem?（如何发现关键问题?）

成功的创新创业，往往是因为解决了很多人都受苦的问题。可是能让这么多人受苦的问题，怎么会一直没有人设法解决呢？原因是很多人为此受苦却不自知。若你有很敏锐的观察力、洞察力，就能抢得先机。这很重要。

5. How to impress people?（如何让人印象深刻?）

比如，同一批次有十几个新进员工，你能不能很快就让主管对你印象深刻，而且是好的印象、不是坏的？这很重要。

6. How to sell ideas?（如何营销创意?）

比如，你有很好的想法，可是你有没有好办法将其推销出去，让别人愿意接受你的想法来支持你？这很重要。

这六大软实力，是我们这些大人在这个社会上能生存下来、能成功的最重要的实力。可是我们的学校有没有培养学生这些能力呢？我们的父母有没有培养孩子这些能力呢？我们的年轻一代自己有没有认识到这些能力对他的未来可能比哪一科成绩考 95

分或考 99 分更重要呢？

没有。大人们、孩子们常常忽略了它们的重要性。原因是，大人们会觉得，这些事情以前我们在学校时老师也没有教啊！出社会再慢慢磨就行了！

在以前世界全球化程度不高、世界变化速度不快的时代，年轻人有很多时间可以慢慢地成长，让社会慢慢地把他们磨成才。但是眼下的世界已经不同，其变化速度之快，竞争之激烈，完全不可与过去同日而语。现在的世界已经没有时间让我们的孩子在进入社会后再慢慢磨成才了。如果我们当老师的、当父母的不帮他们培养这些软实力，他们还能靠谁呢？就这样让他们出去面对世界的竞争？不教而杀谓之虐啊！

所以，各位老师、父母要牢记，能力比知识重要，能力比学历重要。想想看，我们在职场上究竟是靠什么样的能力和实力才得以成功的？就让我们一起帮助孩子们培养这些能力和实力吧！这才应该是我们教育的目的！

8

重剑无锋，大巧不工！

真正有意义、值得解的大问题，都是

需要花很多时间和脑力的。

每年我在必修课上都会再三叮咛学生：“人的能力有很多面相！”

在高中时，我们常看到有些学生什么科目都强。更甚者，球也打得好，人又长得好看。这些人仿佛是人生胜利者，天生就什么都强、什么都好、什么都棒！但到了大学，一些人生胜利者往往就开始落伍，或是微积分念得呼天抢地，或是中文念得如丧考妣，或是打球被藐视，抑或是满脸横肉不复往日清秀。

秀才为何会落伍？其实，高中以前学的东西难度有限，很会念书又很会打球并非难事。况且人在二十岁以前，五官基本上都会正常发展，身为一个高中生，长得清秀好看，也是非常合理而且合乎逻辑的事。但上大学之后，学生在学问和生活上将要遇到的挑战都会提升一个档次，还想面面俱到，实在很困难。

我们应该让孩子们认识到的是：“人的能力有很多面相！”有

的人反应灵敏，有的人谈吐风趣，有的人妙笔生花。随着年龄增长，每个人都会面临各种挑战，在不同面相上的能力差异也因此浮现。在职场上这样的现象更为显著。现代的企业高度分工，不同的工作往往需要具备不同能力的人才。对于现代企业而言，如何发掘自身发展所需要的各种人才至关重要。

究竟企业该如何通过面试来发掘自身所需要的各种人才，并使其适才适性、成就卓越呢？现今的世界，动辄剧变，不管经济规模、资源问题，或是商业模式，都是人类在过去的历史进程中未见过的。大企业为了求生存所要的人才，必须能解决各种以前没碰过的问题。只会解决有标准答案的问题而不真正具备解决问题的能力的人，终将被淘汰。因此，当今美国业界的面试趋势，是以各种考查应聘者创意思维的问题来发掘人才。但这些考查创意思维的问题往往被许多人误认为脑筋急转弯一类的题目，不值一哂。

“过程导向”才是王道

其实，这是许多人在现今“答案导向”的教育思维下所生出来的偏见。美国大企业在发掘人才时，着重考查的是面试者解决问题的过程，亦即“过程导向”的思维。这种面试哲学对普遍重视“答案导向”的华人社会来说是重要的启发。

我举个例子帮助大家理解。有一次因为制作课程 PPT，我跟一位很优秀的学生提到一个概率上很有名的问题，我把题目叙述完后，问他觉得这个题目应该怎么解。他的第一反应是：“等一等，等一等，给我一点时间。我记得这个题目以前有看过，让我回想一下那个答案是什么。”

这是一个很典型的例子，这位学生很优秀，但是他碰到问题后的第一反应是很习惯地去回想自己有没有看过这个题目，有没有记得这个答案。

很多人碰到问题，都不是先从解决问题的角度去思考——这个问题该如何着手去解决。目前的教学方式把很多人都训练成搜索引擎，而不是训练成思考引擎。每个人都把自己的大脑变成一个小百度、小谷歌、小雅虎，总是搜寻，缺少思考。

我曾看过一个面试常问的问题：“你怎么称出你的头有多重？”当你面试时碰到这个问题，你是会先在头脑中搜寻自己看过的面试问题的题库，还是立马动脑筋开始想称重的可能方法？如果是前者，大家很难把所有问题的答案都看过想过，总有一天会碰到没看过的题目，于是就完了。因此，从平日就开始养成训练自己思考的习惯，才是王道！

很多人常常觉得如果我可以搜寻出答案，那就可以省下更多时间来想其他问题。学生时代的我亦然。但问题是，大多数人并没有真的用省下的时间去思考解决其他更花脑力的问题。大家回想一下，在大学四年当中，你花了多少时间去深入思考？

事实上更可怕的是，搜寻的习惯一旦养成，就很难丢弃。真正有意义、值得解的大问题，都是需要花很多时间和脑力的。如果你平常没有好好利用小问题（高中、大学的作业、考题）来训练自己的思考能力，都是靠搜寻模式来搞定的话，将来碰到大问题的时候，只能束手无策。所以我说，出来混总是要还的，只是时间早晚而已……

根据我在美国密歇根大学当讲师教书的经验，很多美国学生都只用思考引擎模式去面对问题。这也是为什么他们考试通常都比亚洲留学生差的原因之一，因为他们记得的题型和答案比亚洲留学生少。但是做期末专题时，他们往往都能做出非常让人惊艳的作品。

亚洲的学生，往往会学很多技巧，解题都超快。但真正高手的境界，不是靠技巧，而是靠思考能力。所谓“重剑无锋，大巧不工”。真正到了高手境界，碰上什么重量级的问题，玄铁神剑一劈下来，都能迎刃而解。只会背小技小巧，到头来也不过是一把美工刀，碰上真正的难题马上就折断了。

你，要当玄铁神剑，还是美工刀呢？

衷心盼望大家都能发掘自己在不同面相上的能力，将思维从“答案导向”转为“过程导向”。

转变，就此开始！

9

何为世界第一流人才?

“玩得深、学得快、卖得早”的人才，

才有办法在世界上引领风骚。

“何为世界第一流人才?”这是我最近演讲时常提到的主题。我们要培养高素质人才，就必须先知道什么叫作第一流人才。如果这个问题回答不出来，还奢谈什么人才培育、人才竞争?

以哈佛大学商学院（Harvard Business School，HBS）为例，他们从前几年开始，对于审查申请者有了新的策略思考。《专访哈佛大学商学院申请入学业务负责人狄·李欧珀（Dee Leopold)》的访谈，即透露了这所世界名校的“取才趋势”:

哈佛商学院要求申请者提供自己在 Coursera① 或 edX 这些世界一流的在线课程网站上修了多少课程、拿了多少合格的证书。这是过去从来没有过的规定，因此引起广泛关注。这样的改变代表了什么?

---

① Coursera 是一个提供慕课课程的在线教育平台，创立于 2012 年 4 月，由斯坦福大学资讯工程系教授 Daphne Koller 和 Andrew Ng 共同创设。

另一所世界一流的沃顿商学院（The Wharton School）也推出了新的 Coursera 微学程（由四门 Coursera 在线课程和一门综整式专题课程组成）。任何人都可以选修这些课程。沃顿商学院每年都会邀请修课成绩全球排名前五十名的学生进一步申请沃顿商学院，并为其中五位学生每人提供 20000 美元的奖学金。

世界第一流人才必备三要件

我们可以看到，世界一流学府都在逐渐改变招生方式，以招收世界第一流人才。到底大家在抢的是什么人才？什么样的人才是第一流人才？哈佛商学院、沃顿商学院都以招收世界第一流人才自许。他们招生规定的改变，从某种意义上代表了世界对第一流人才的定义开始出现变化。

何为世界第一流人才？

未来，世界第一流人才必须具备三个要件：

第一，有眼界，可以判断什么是重要的东西。

第二，有能力，可以靠自己把重要的东西学好。因为唯有够高的眼界和够强的自学能力，才有办法面对充满变局、变化迅速的世界。

第三，有玩心，能将自己的志业玩得精彩万分。如果你对于自己正在做的事情，不只是把它当作志业，而且还投入你的生命、你的热情，去把它玩得很精彩、玩得很有乐趣，并能将其做得发光发热，你才能算得上真正的世界第一流人才。

除了这三个要件，我们还可以对世界第一流人才的素养进行更深入的探讨。不久前有几位台湾大学的学生组成 Flux 团队，发明了一款可以换喷头的新型 3D 打印机，非常好用。他们在美国著名的众筹平台 Kickstarter 上筹到 167 万美元。

在最早出现 3D 打印机的时候，Flux 这群年轻人就开始在宿舍试着自己设计，他们组装得很起劲，玩得很快乐，很快就玩上手了，也玩出了很多问题。于是他们就自己改良，设计出新的机型，甚至还设计出全球第一款多功能变换喷头。接着，他们就把产品发布到 Kickstarter 上去卖，引起抢购风潮。

未来人才——Learner，Doer，Communicator，Connoisseur

这个案例充分说明，我们未来就是需要这种“玩得深、学得快、卖得早”的人才。只有拥有这样的人才，才能在世界上引领风骚。如果是一般人，3D 打印机刚出来的时候，大家都不会也不敢去玩。父母、老师难免嫌弃：“花时间玩那个干什么？对课业又没有帮助！”等到过几年，很多人都会用了，坊间的计算机补习班开始开课了，出版社也开始出“第一次使用3D打印就上手”这种书。这时候你怕落伍才开始去学。只是等你学会了，全世界已经上亿人都会使用了，哪还有商机留着给你。这样的人，注定就是一辈子帮老板卖苦力而已，很难有机会开创商机、引领风潮！

新技术会一直不断涌现。年轻人应该能够在新技术一出来，就能很快学会它、掌握它，进而发展出商业模式。这样的人才能主导未来产业，也唯有这样的年轻人才有机会站在世界的浪尖上，争得一席之地。少了这样的人才，任何国家都很难在竞争激烈的世界中立足。

因此我理想中的教育，是要让孩子们从小就通过翻转、BTS等教学方法，将自己训练成自学力很强的“学习者（Learner）”。但这样还不够，他们还必须从小被训练解决问题、设计、实操的能力，也就是我们要从小开始训练孩子写程序、创客（Maker）、做项目，要把他们培养成“行动者（Doer）”。另外，学得快、又会创新还不够，因为没有论述能力的人，是没办法把东西卖出去的。因此，我们还必须训练他们的论述、营销、沟通、表达能力，让他们每一个人都成为成功的“沟通者（Communicator）”。除此之外，他们还要具备美学素养，以便做出让全球顾客都觉得有品位的设计。因此，我们要培养他们成为具备美学设计素养的“鉴定者（Connoisseur）”。

Learner，Doer，Communicator，Connoisseur，就是我想要培养出来的新时代人才。为了实践我们理想中的教育，我们有好几位伙伴正在一起努力。我们希望规划出真正能培养出这种人才的教学设计。我们会设计教材，搭配能培养学习力、思辨力、创造力、执行力、表达力的教学方法，去培养孩子们的真正能力。我的理想是，当这群孩子十年后成功发光发热的时候，我们的社会才有可能发展得更好。

Learner，Doer，Communicator，Connoisseur，才是真正决定孩子未来能否成功的关键！

10

人生穷得只剩傅立叶

我让整个思绪沉淀下来，看待时间不再那么功利，
也开始认识到让自己变得丰富，是未来成功的
一个非常重要的条件。

我常常问我的学生，如果有一天有机会跟郭台铭先生同桌吃饭，你会跟他讲什么？如果只会说“郭董，今天天气不错喔！”那就太可惜了。难得有机会碰到一个重要的人，而你却没办法让人留下印象，这样的人是很难抓住成功机会的。

我从小就很会念书，顺利考上建中、台大，而且还有富余的时间可以利用。但当时，我总是很功利地想：“我把时间花在课业以外的事务上对我有什么用？”于是，我很少把时间花在课业以外的事务上，对于其他领域涉猎很少。因为我只在乎我的课业成绩有没有顾好。

这样的心态一直持续到我去美国留学。我在美国留学时跟别人不一样。大部分亚洲人去美国后都跟自己国家的人混在一起，别人住哪儿他们就跟着住哪儿，别人修了什么课他们就跟着修。

分组没？大家就一组；吃饭没？大伙儿一起吃。但我认为我去美国留学就是为了学习美国的文化，学习怎么跟美国人打交道。因此，我在美国念书分学习组时，都刻意跟美国同学一起。

那时候，有一群美国同学跟我一起念书。因为我数学还不错，所以常常都是我在教他们。只要是我会的，我都会尽量帮忙，后来大家的交情都很好。有一次，一位美国朋友跟我说，周末他和太太要开派对，想邀请我参加。我整个星期都很兴奋，我非常期待看到美国人开派对的样子。

好不容易熬到周末，我很兴奋地去参加派对。结果发现人家在聊天时我都插不上话。人家聊职业运动，我因为没有特别关注职业运动的新闻，所以插不上话。人家聊音乐，那时候小甜甜布兰妮很红，我也搭不上边。因为在求学期间，我一直认为流行音乐是靡靡之音，不该浪费时间在这上面。人家不管聊什么，我都搭不上话，感觉很无力。

因贫乏无法与人沟通，也喝不了酒

后来好不容易有一个和我一起修课的同学来到我旁边倒饮料。我想这是个好机会，看能不能跟他对上话。我想了半天，人家饮料都快倒好了，我还是没想好讲什么。后来，我竟然跟他说:“今天老师教那个傅立叶的转换，好像很难啊?”

那位同学听到后，用很奇怪的眼神看着我，接着马上说:“那个谁谁谁在叫我，我过去一下，等下再回来找你啊!”结果，那天晚上他都没有再来找过我。想想看，在一个派对里，居然完全找不到话题跟人聊，只能拿傅立叶转换当话题。那个当下，我觉得自己很可悲，这也是我第一次感到自己是一个非常贫乏的人。

但贫乏还不是最惨的。一般情况下，美国的社交文化是这样的，如果没话讲就罢了，至少要能喝酒，以便跟大家一起活跃气氛。结果当人家来找我干杯跟我说“cheers”的时候，我对他们说:“对不起，我对啤酒过敏!”美国人听后难以置信地说:“what?”他们很少听过有人这么逊，居然会对啤酒过敏。因为我老妈觉得好学生不能喝酒，所以从小到大我很少喝酒，只要喝一点啤酒就会起疹子。连酒也没办法喝，这下子大家真的放弃跟我交流了。

因为这次派对的体验，我第一次发现自己对这个世界是多么不了解。无法与人沟通，也喝不了酒，让我完全缺乏在这个社会生存的必要技巧。过去十几二十年只专注课业的我，竟然穷得只剩下傅立叶!

谈吐有魅力，因为丰富有阅历

我一直都跟学生说，我现在进入中年，有机会接触到许多成功的人。这些很成功的人，我发现他们都有共同的特质，就是每个人都很有魅力！这些人的魅力不是来自他们的长相，而是来自他们的言谈。他们的言谈会吸引旁人想听他们说话。

这个魅力往往是因为他们是丰富的人。如果你不是这样的人，你的谈吐是不会有这个魅力的。所以变成一个丰富的人，是成功者非常重要的条件。我非常庆幸自己能到美国念博士，那五年让我有时间改变我的思维。我让整个思绪沉淀下来，看待时间不再那么功利，也开始认识到让自己变得丰富，是未来成功的一个非常重要的条件。于是在那五年中，我没试过的事情我都尽量去试、去玩、去学，而且也发愤练习喝啤酒到不会起疹子。

慢慢地，我打开了眼界，也让自己的杂学愈来愈广。虽然这些杂学跟我的研究没有直接关系，但对于我后来跟不同的人接触发挥了很大的作用。因为这些杂学，我比较能够跟初识的人交谈；因为这些杂学，我也比较有机会在我懂的事情中找到对方感兴趣的话题，进而营造一场有意思的对话。这对我的事业发展起了很大的作用。

回首过往，我真正觉得“穷得只剩下傅立叶”是我自己很深刻、痛苦、懊悔的一段经历。幸亏我运气好，念博士的这五年时间让我变成一个丰富的人。但我们很多学生在本科毕业、硕士毕业后，就要开始进社会工作。一旦开始工作，时间就会变得很宝贵。对已经开始工作的人而言，时间的运用只会变得更功利，他们很少把时间花在专业以外的事情上。要变成更丰富的人，对他们来说，是一个很难完成的任务。

所以我认为，作为一名老师，我们有义务告诉学生除了成绩之外，也要多涉猎杂学。我们要让他们知道：

“让自己变成一个更丰富的人，是未来成功的关键！”

Part III
教学创新篇

教学是一门艺术，每个人都需要靠自己去摸索出

适合自己风格、适合自己学生、适合自己场域的一套教学方式。

如果连老师自己都不敢尝试，

又如何期待我们教出来的学生敢主动挑战未知的事物呢？

本篇导读

11

佐藤学对，还是你对？

作为老师，我们应该是最了解学生状况的人。

只要我们愿意想、愿意试，

就肯定能设计出最适合自己学生的教学方法。

每次翻转课堂工作坊结束后，我都会得到很多回应。老师们固然有所感动，却也有老师对于如何确保新的教学方式在班上能施行得好而担忧。

我的感想是，老师们有时候想太多了。没有老师是天生就会教的，任何教学方式都是要经过自己实验、调整、再实验、再调整的过程。我自己的许多教学方法都是经过几年调整后才完成的。

我一直认为老师在开发教学法时，并不一定要等到有完美的结果后才开始教。每个班级都是不同的班级，每个老师都不同。教学是一门艺术，每个人都需要自己摸索出适合自己风格、适合自己学生、适合自己场域的一套教学方式。如果不敢跨出第一步，永远不可能琢磨出属于自己的教学艺术。如果连老师自己都不敢尝试，又如何期待我们教出来的学生敢主动挑战未知的事物呢？

之前有一次在台北举办的教育论坛上，看到现场700多位老师，舍弃假日出席周末的活动，我很感动。老师们热烈的反应，尤其让人兴奋。特别是演讲后，好几位老师来跟我说，今天的演讲让他们很想改变。有位快退休的老师跟我说，听了我的演讲后，她又燃起了热情，想好好地做一些不一样的教学！老师们的反馈让我很开心，也很感动。我们花这么多时间演讲，就是希望能把老师们心中的那根引信点燃，让老师重拾对教学的热情。很高兴这些老师让我知道，他们真的被点燃了！

但有件事情让我有点出乎意料。有几位老师在我演讲结束后，到台前跟我说我的教学方法跟佐藤学①的做法哪里不同、哪里相同。他们跟我有很热烈的讨论，想知道哪边才对。坦白说，我觉得这样的讨论意义并不大。

为什么？

勇敢创造出属于自己的教学流

因为我觉得佐藤学教授虽然很厉害，但是他再厉害，也不会

---

① 佐藤学是日本东京大学荣誉教授，倡导“学习共同体”教育改革，主张通过合作学习、分享表达，帮助孩子们找回学习的乐趣，帮助老师们找到成长的动力。

比我更了解我的学生。为什么我要拿他的原则来限制我的教学，这也不能做，那也不能做呢？

我很有信心，作为老师，作为一个最了解我自己学生状况的老师，只要我愿意想、愿意试，我绝对能开发出最适合我学生的教学方法！我不需要别人来告诉我什么该做，什么不能做。

针对老师们所说的不同之处，我一点一点地说明我的教学理念究竟为何，也说明了那样教之后的效果会如何。而这些原本有所怀疑的老师们，也都被我说服了。到最后，变成好像公说公有理、婆说婆有理，但是到底谁有理，到底谁才对呢？

其实答案很简单。我跟佐藤学都对，但我们两个人也都不对。这是什么意思？听起来好像很玄。

从某个角度看，佐藤学和我都用各自的方法、理念，在我们各自的学生身上教出我们各自所期望的学习成效。所以，我们两个人的方法都是对的。

但是，其他老师所教的学生背景、程度、动机，跟佐藤学的学生或是我的学生，绝对不会一模一样。因此，佐藤学的方法或是我的方法，是否直接套用在别人的学生身上就是正确的教法呢？

No！两个教法都不对！

因为在各位老师的班上该用什么教学原则、什么教学方法，只有您才知道！因为只有您对自己的学生最了解，因为只有您对自己的科目最清楚，因为只有您对自己的教学成效观察最直接！老师们尽管大胆去试、去观察、去调整，您最后试出来效果最好的那一套教学方法，就是对您的学生而言最棒的、最正确的！

管他什么阿佐、阿丙谁对谁错，每一位老师对于自己的学生，只有自己最懂！对教学充满热情的老师们，就让我们一起勇敢创造出属于自己的教学流吧！

12

教学创新七大原则

任何教学上的改变，老师都要通过观察
学生的反应和教学效果，随时做调整。

最近这几年，我很高兴看到不少老师愿意在教学上力求改变。教学上的改变，直接影响的就是学生。学生也是有想法的个体，每个学校、每个班级、每个科目的情况都不一样。因此，任何教学上的改变，老师都要通过观察学生的反应和教学效果，随时做调整。每位老师通过慢慢试、慢慢改，最终都一定能梳理出一套适合自己学生的教学方式。

过去十八年，我做了不少教学上的实验，也观察到不少自己和他人的经验。在此整理出七大原则，提供给想要改变的老师们参考：

原则 1：教学创新最好从新学生开始

如果任教老师考虑翻转课堂，最好从一年级新生开始做，因为二、三年级的学生已经经历了一年以上的传统教学方式，如果老师突然采用新的教学方式，他们的压力会比较大，也会因此而比较抗拒。而刚入学的一年级新生，原本就不知道新学校的教学方式为何，直接用新的教学方式教，他们不会有太大的抗拒心理。

原则 2：教学创新应考虑学生负担

任何改变，要让学生愿意、乐意接受，前提都是不过分增加学生的负担。以翻转课堂的常见模式为例，学生在家看教学视频，在学校上课时做题目、讨论。这种方式能让学生愿意接受的原因，是没让学生增加太多额外的负担，作业题目都改成到学校做了。

老师若想做改变，一开始要小心评估新的教学方式对于学生的负担是否有急剧增加。如果有，那也会使学生产生抗拒改变的心理。所以最好还是循序渐进。

原则 3：跟学生沟通、引起动机很重要

在教学上的设计，我都会跟班上的学生说明这个设计的用意，以及这样做对他们有什么好处。如果不好好说明，不试着激发动机，学生到后来也只是应付而已。所以任何教学上的设计，都应该跟学生好好沟通，说明老师在这项教学设计中的理念。

原则 4：教学设计的目的性尽量明确

教学上的一些创新设计，如果其目的性很明确，就比较能看到效果。如果目的性不够明确，学生不能很清楚地知道这个创新设计是要让他们得到什么，那学生将无所适从，甚至会认为是为改变而改变，最后就又变成应付老师的模式。

因此，老师所做的教学创新，最好目的性很明确，以便让学生了解、认同，这样效果才会好！

原则 5：尽量顾及学生的负担

我出作业或专题时，常会顾及系里的大活动或学生其他课程的期限，从而改变、调整作业或专题的完成期限。

老师如果真的希望学生能全力在你的教学设计上投入，有时候还是要顾及学生其他的科目和活动。在大学，跟其他课程的老师协调通常比较难，所以我一般都会看情况来调整进度。

但在中小学，老师之间不像大学老师之间那么不易碰面，比较容易协调。比如，开学第一周让学生忙数学的特别作业或专题，第二周让学生忙中文的特别作业或专题。这样学生的负担就不会太重，同时还能从每次不同的作业或专题学习中得到乐趣。如果每周各个科目都各自安排特殊作业或专题，学生不但无法领略其中的乐趣，反而还会对这样的学习方式产生负面情绪。因此，不可不慎。

原则 6：尽量确保学生进行全面性学习

有些大学教授还会拆开章节让不同组的学生去读，然后教大家。这种方法有时效果不错，但也有一些后遗症：学生对自己负责的章节比较熟，对其他章节就比较生疏。因此，确保学生进行全面性学习就显得非常重要。这样可以避免大家的学习效果差异过大。

一般常用的翻转课堂方式，是让每一位学生都看到所有的视频。张辉诚老师的“学思达”教学法，也是让每一位学生看到所有的讲义内容和题目。这两种方式都能确保每一位学生有全面性的学习。老师们不妨参考一下。

原则 7：教学创新以少量增加为宜

我自己的教学，通常是每学期只做一小部分改变（简报课例除外）。因为如果一次就做很大的改变，除了学生会很累之外，万一学习效果不好，老师也会很受挫折、很受伤。另外，之后如果还要改进，也不知道这么多改变是哪部分有问题，不知道从何改起。

因此，老师进行教学创新时，最好每班只做少量改变。这样即使效果不好，也很容易知道该怎么改进。

如果老师在同一个学期教好几个班，反而可以好好利用这种情况。老师在每一个班都进行一种不同的教学创新，就等于一学期可以试很多种。最后看哪些效果好，哪些效果不好，再综合分析与统整。如果采用这种方式，每个班的学生只会试一种创新，学生的负担也不会增加太多。即使搞砸了，影响也不会太大，老师的心理压力也会比较小。

以上是过去十八年来，我在教学创新的实践中所总结归纳出的七大原则。只要牢记这七大原则，就能大幅提升教学创新的成功机会！

13
“老仙角”[①]的二十一条秘诀

在教书二十五年后，还能一直不断
激励自己，让自己在教学上有新的体悟，
这需要何等的热情？有多少人能做得到？

在教学上启蒙我最多的，是我在密歇根大学时的一位老师耶哥教授（Prof. Andrew E. Yagle）。我从他身上学到很多关于教学的重要原则。这对我后来的教书生涯起了很大的作用，现借本文跟大家分享耶哥老师对我的启发。

2000 年初秋某日，是我到密歇根大学电机系后开学第一天。想到那昂贵的学费（每堂课折合人民币约一千元），连迟到一分钟都觉得很有负罪感。我早上七点多就匆匆赶往教室上第一堂课——概率与随机程序。上课前我怀着忐忑不安的心情，一会想着等下英文如果都听不懂怎么办，一会又想着不知道能不能适应美国老师的教学方式。

就在我胡思乱想之际，一个高近两米、中广身材、眼镜样式

① 老仙角（台语），即“老先觉”，用来形容很厉害的长者。

有点过时的老伯伯，匆匆忙忙地走进教室。他就是教授这门课的耶哥老师。坦白说，对于这个外表有点书呆气、看起来相当内向的老伯伯，我觉得他应该就是一个中规中矩的老师。至于能否满足学费的 CP 值①，实在没抱多大期望。

开始上课后，我发现这位老伯伯一上起课来简直变成了另一个人，宛如在夜店劲歌热舞的二十几岁小伙子。上课时他整个人相当激昂，时而龇牙咧嘴，时而语调高亢，全身充满了活力。这真是让我大开眼界。我从来没想过，可以在一个人身上看到如此多的角色变换。

耶哥老师上课除了很激昂外，还十分幽默。他常常会花心思想一些有趣的例子来吸引学生的注意力。例如，当时恰逢美国总统选举，布什（Bush）和高尔（Gore）两位候选人打得难分轩轾。他便引用总统选举的民意支持率来解释信心区间的概念。只不过他把候选人的名字改成了 Gush 和 Bore，听起来都是很"驴"的名字，逗得大家哄堂大笑。整整一学期，大家在上耶哥老师的课时总是兴致高昂，课堂上鲜有学生梦周公。

隔了一个学期我通过资格考之后，系里安排我当助教。当了助教后的第二学期，我便成为耶哥老师讲授"数字信号处理"

① CP 值（Cost Performance Ratio），即性价比。换句话说，就是你花一块钱，可以得到多少效果、结果、表现等。

课程的助教，并连续合作了三个学期。在我们系里，每门课的助教每周除了要有三个小时的“office hour”外，还要负责向学生讲授一个小时的助教课。助教课的内容大多是老师额外指定给学生补充课程的相关资料。耶哥老师总是让我自由发挥。虽然他没有要求我，但我也要时时掌握他上课的进度，以决定助教课补充的范围。三个学期下来，这门课共计上了一百多堂课，我从头坐到尾一堂不落。若加上我之前修过的他的课，我听耶哥老师的课有整整一百四十多节。我相信我应该是听过耶哥老师最多课程时数的学生！

一百四十多堂课的练功

耶哥老师的这一百四十多堂课，也是我在教学上受过的最大启蒙。对于已经滚瓜烂熟的课程内容，我看着耶哥老师如何加以阐述、如何引起学生的学习兴趣、如何维持学生的专注力、如何逗得学生哄堂大笑，我期盼自己能学到他教学的奥秘所在。在这几个学期潜移默化的过程中，我的教学日益进步。在听课学生与耶哥老师的推荐下，我先后获得系、院、校各级杰出教学助教奖项。对于耶哥老师的启蒙和提携之情，我一直铭记在心。

岁月匆匆，转眼间我已经回台大电机工程学系任教多年。

2009 年 3 月底，我的同事告诉我，耶哥老师将于 8 月受邀来台湾参加学术会议并发表演讲。他希望我能趁这个难得的机会邀请耶哥老师来系里演讲。得知耶哥老师要来，我相当兴奋，但对于该安排什么演讲题目却是考虑再三。我回想起之前在密歇根大学念书时，曾有工程教育学会邀请耶哥老师作与教学相关的演讲："Ten Things I've Learned About Teaching"（我在教学中学到的 10 件事情）。记得当时这场演讲相当叫好又叫座。我想何不请耶哥老师这次也跟我们分享他二十五年的教学心得呢？在取得耶哥老师的同意后，我随即帮他举办了一场暑期教学工作坊。

在决定演讲题目时有个插曲，我问耶哥老师这次的演讲题目是什么。他告诉我说这几年他对于教学又有不少体悟，所以演讲题目变成了"21 Things I've Learned About Teaching"（我在教学中学到的 21 件事情）。他这段话实在让我钦佩不已。试想，在教书二十五年后，还能一直不断激励自己，让自己在教学上有新的体悟，这需要何等的热情？有多少人能做得到？

演讲当天，耶哥老师如期到我们系里演讲，老师们相当踊跃。由此可见，台大电机工程学系的老师们普遍对于教学都有很高的热忱。耶哥老师的演讲历时一个半小时，他毫不保留地与我们分享了他个人对教学的精辟心得与见解，在场的老师及准老师们都获益良多。其中我个人印象特别深刻的有以下几点：

1. 老师务必要帮助学生找到学习动机，让学生知道修习该课程对他们未来有什么帮助。学生有了动机，他们才会有自动自发地进行学习的热忱。

2. 老师不可过分倚赖学生之前的预修课程。学生以前看过的东西不代表学生就一定还记得，老师务必要做某种程度的复习。

3. 作业的设计应该与课程进度充分配合，甚至扮演引导教学的角色。因此，老师应于学期开始前便完成作业与课程内容的整体配套设计。

4. 考试题目第一题应该尽量避免出得太烦琐，以免学生一开始考试便失去信心。

5. 考试是测验而非学习的过程，因此题目应避免出现学生以前未见过的东西。题目的难度应该设定在让学生考完后，会对该题目写不出来感到扼腕，而非只是感到一片茫然、没有头绪。

6. 学生可以用一整周的时间来解没有看过的作业题目，而考试却只有两三个小时给学生完成，因此考试题目应该比作业题目更简单。

7. 准备新课程时，老师务必要明确定义课程目标，并在学期开始前预先规划好附有详细时间表与详细课程内容的课程大纲。

8. 在准备好新课程后，务必要再砍掉自己准备的内容的三分之一。主要原因是老师们在第一次备课时通常都会塞太多内容，砍掉三分之一差不多刚好。

9. 老师应认识到自己的课程并不是天底下最重要的课，应该体谅学生还有其他四五门重要的课程得同时修习。因此作业设计应以占用学生每周一晚为限。

10. 除了告诉学生修习课程的动机外，在上每个章节时也必须要让学生知道修习该章节的明确动机为何。不能只是说学了以后有用，而是要告诉学生学了以后有什么用，要让学生看到愿景他们才会认真学习。

11. 如果用板书上课，建议刚开始时写下今天要涵盖的进度。上课结束前简短回顾当日上课的内容，并再次跟学生确认哪些内容特别重要。

12. 上课的目的是要教会学生而非炫耀自己的知识，因此老师应尽力帮助学生了解上课的内容。

13. 与学生分享当年自己修习同样课程时所遇到的困难与辛苦。当学生知道老师当年修同样的课程也不轻松时，可以有效帮助学生建立自信。

14. 教学除了教课程内容外，还应该示范如何活用课程内容来解决实际问题。这会让学生觉得他们真正学到了有用的东西而很有成就感，从而提升学习动机与自信。

15. 上课时要找机会与学生互动，以了解学生学习的效果如何，进而调整教学的节奏。

16. 用 PPT 上课时，切忌连续上很久才下课，应让学生适时休息以重整注意力。

17. 用 PPT 上课时，务必注意进度不要过快。

18. 在制作 PPT 时应避免在一张 PPT 中塞入太多内容或算式，以便学生在很短的时间内抓住每张 PPT 所要表达的内容。

19. 上课所选用的范例应该越简单越好，以便让学生能很快地了解。数字应经过设计以使计算过程非常简单，以免学生注意力集中在计算上而非集中在理解范例上。

20. 上课时可以善用幽默感来提升学生的学习兴趣，并吸引学生上课的注意力。

21. 老师在上课时务必要乐在其中。唯有乐在其中，上课才会有热情。老师有热情，教学才会成功！

离开密歇根大学后，我从没想过还能再听到耶哥老师在教学上的谆谆教诲。有这样的机缘，让我感到非常幸运。除了幸运外，我也觉得很感动。看到耶哥老师这样的“老仙角”对教学还如此地精益求精，我深深地感受到他对教学工作的那份热爱。就是那份热爱驱使着他在教学二十五年后依然兢兢业业地追求卓越；也因为那份热爱，使得他愿意千里迢迢而来与一群陌生的脸孔分享他的“压箱宝”。

我想归根究底，耶哥老师教学的终极奥秘，其实就是他这种对教学的热情。耶哥“老仙角”给我们最大的启示是：

“只要有热情，人人都可以成为好老师！”

大家共勉之！

14
别为创新而创新

做教学创新的根本目的，在于成就学生的学习，

而不是为了成就自己。

在做教学设计时，先想清楚自己的教学目的，

以及要帮学生培养什么样的能力。

近年来，虽然大家都在鼓励老师进行教学创新，但是这当中有一个要很小心的地方。在教学创新的过程中，有时候老师会迷失方向，忘记自己做这个教学设计的初衷是什么，以至于落入为创新而创新的窠臼。盲目地追求创新，对学生的学习不但无益，而且是有害的。

教学设计一部曲：确立教学目的

我常常强调，老师在做教学设计时一定要有脉络。在一开始最重要的是，必须知道这个教学活动的主要目的是什么，是要帮学生培养什么样的能力。这些问题，老师从一开始就必须能够厘

清。如果老师一开始没能厘清，连自己都不知道这次教学设计的目的是要培养学生什么样的能力，就算他后来设计的活动都很有趣、学生都很喜欢，那也只是为了有趣而有趣，为了快乐而快乐，根本就是浪费学生的时间。

以简报课为例，在我的简报课当中，有个期末专题活动是让大学生去给小学生作报告，让小学生投票打分。这是一个很有趣的活动，但有趣并不是我要他们去做的原因。我不是为了向小学生报告而报告，而是有目的的。我做这个教学设计的目的，就是希望让我的学生学会如何去了解陌生的听众、如何与这些陌生的听众进行有效的沟通和表达。这些就是我一开始所设定的教学目的。

一旦主要的教学目的确定了，我们就可以开始设计采用什么样的教学活动来达成目的。在设计教学活动的过程中，趣味性是可以加进去的。这是因为教学目的已经确定了，在此前提下考虑趣味性，不必担心流于为了有趣而有趣的无意义教学。

教学设计二部曲：学习成效的检验

除了教学的趣味性外，学生学习成效的检验方式也很重要。任何教学都要设计有效的检验方式来检验学生是否达到老师当初所预期的教学目的。但在传统的教学中，这个检验往往都是由老师考量、评测学生。这样的思维是很落伍的。在我的理念中，学习成效的检验最重要的并不是老师是否清楚地知道学生的学习成效。尽管老师知道学生的学习成效也很重要，但更重要的是如何让学生自己知道他到底有没有学好。

我认为，在新时代的教学检验中，学生必须深刻地认识到自己有所欠缺，或是哪个部分需要再加强。因为唯有学生自己认识到自己的不足之处，他才会有动机去更加努力地学习。但教学检验也是要花时间设计的。教学检验绝对不是只能通过考试才有办法测出学生的学习成效。这个世界上没有人喜欢考试。我在设计教学检验的时候，常常会把我的教学哲学“by the student”融入设计中。很多作业，我都会设计让学生去彼此检验、评分。检验绝对不限于考试，老师可以用不同的方式，让学生在被检验的过程中知道自己哪些地方仍需要加强。

举例来说，为什么我上简报课时要安排学生两两一组到小学生的早自习去给小学生做简报？因为直接让学生去面对小学生时，他若讲得不是很好，就会马上从小学生的反应中发现自己没讲好。当另外一个学生在讲时，小朋友们都很专心地听，而换自己上台没讲三句话，下面的小朋友就开始自己聊天了。这是最严酷的检验，但也正是因为学生从来没遇到过这样的检验方式，所以他们会感觉这很有趣，是一个很有意思的挑战。最重要的是，在这个检验中，我要让学生亲身感受到自己的学习成效和问题所在，这样他才会有改进的动机，也才会感觉到学习是自己的责任。

教学设计三部曲：沟通与动机营造

在教学设计中，还有一个很重要的内容是老师们经常忽略的，那就是与学生之间的沟通与动机营造。这也是要花时间去规划的，甚至可以说这是整个教学设计最重要的部分。在传统的教学里，老师通常用自己的权威去要求学生，学生大多会乖乖照办。但是时代不一样了，老师光靠权威是无法让学生用心学习的。

我常常发现，有的老师设计了很好的教学活动，而且这些活动真的很有意义，也能很有效地帮助学生培养某些能力，可是实施之后，教学效果并不理想。老师往往会因此觉得很受挫折。心想，我都已经这么努力改进教学了，为什么学生的学习成效还是没有起色？有的老师甚至因此蒙上阴影，不愿再进行教学创新了。

为什么老师的用心会没有成效呢？道理其实很简单。老师虽然非常用心，但如果学生不知道这个教学活动的意义，老师如何能达到预想的教学目标？学生只会觉得这个老师很奇怪，没事叫他们做这个活动干什么。

举个例子，我之前曾经有个大学部的导生。有一次她在导生会上很愤慨地跟我抱怨实验课。那是一次电路实验课，她觉得自己装的电路没问题，可是不知为什么电路就是不能用。她跑去问带实验课的助教，助教看了电路一眼就跟她说："你自己再看一下。"助教并没跟她说哪里有问题。那个女生只好又回去检查，从头看到尾，再从尾看到头，怎么看都看不出电路问题出在哪里。结果检查了两个多小时，仍然一无所获。

这时候，助教刚好经过她的实验桌，她赶紧抓住助教问到底是哪里出了问题。其实问题出在她做电路实验的面包板上。大部分学生都是在一大块面包板上插电路，而这位女生是用两块小面包板。简单来说，如果用两块面包板，两块面包板之间就要用电线桥接，但她没有桥接。助教看了一眼就跟她说，你就是没有桥接起来，接一下就可以了。女孩闻言照做，果然电路就通了。她很生气，一直不肯谅解助教，觉得助教浪费了她的时间。明明很快就可以结束，却害她花了两个小时。

我后来问她："你真觉得这两个小时一无所获吗？"她回答我说："当然没收获啊！足足浪费了我两个小时，我的电路本来就是对的，我坐在那里瞪着它整整两个小时。”我说：“错，你的收获很大。你今天可以为一个看起来几乎没问题的东西撑了两个小时，有了撑两个小时的韧性，你下次就能撑两个半小时，甚至三个小时。”

于是，我跟她说了我念博士时的一个故事。我的指导教授要我写一个仿真程序，我花了很多时间终于写好，但是程序一直有个问题，我却怎么找都找不到。大概一个多月的时间，我每天都在看那个程序，怎么看都看不出问题来，那怎么办？我就一直撑着。每天一早起来就要面对一个已经看了快一个月的程序，怎么看都没有错，却又找不出问题所在，那真的是我这辈子最痛苦的一个月！

后来我终于把错找出来了。我就跟那个女孩说：“你看，这就是很重要的韧性。你现在如果连坐在那里撑两个小时都撑不下去，你毕业后若负责很重要的项目，要你撑好几个月，你撑得下去吗？”经过我这样的分享，她就很能理解。助教在实验课上让她自己查找电路的问题，并锻炼她面对问题的韧性，对她是一件很重要的事情。可是回过头来，为什么代课的助教不和学生讲这个事情呢？那位助教我认识，他也很优秀，可能是觉得训练学生的韧性很重要。可是就因为他没跟学生沟通他的教学理念，所以学生只会一直埋怨、一直误会说这个助教摆烂①，明明知道电路问题出在哪儿却不帮他们解决。

当老师的也一样。你很用心地设计好教学方式后，有没有让学生知道你的目的是什么？你的意义是什么？你的教学设计为什么要让学生那么辛苦？让他们辛苦是为了帮他们培养什么样的能力？你若没跟学生把这些观念沟通清楚，学生只会感到辛苦，不会觉得自己会有斩获。所以到头来就会一直抱怨老师，老师也会很怨叹："我为了你们这么用心地做教学设计，可是你们却毫无共鸣，甚至还埋怨我。我好心痛……"

所以我觉得，教学设计中很重要的部分，就是老师在付诸行动的时候，要提供足够的论述，要对学生营销自己的教学，告诉学生为什么要进行这个教学活动，让他们明白教学活动的意义在哪里、对他们将来会有什么样的帮助。这样才能让学生进行有效学习和快乐学习。以简报课为例，许多学生都说那是他们大学四年修过的最辛苦的课，但因为我跟学生做了很多沟通，他们都很清楚为什么要这么辛苦，所以大多数人都学得很快乐。

请老师们记住，在进行教学创新和教学设计时，绝对不要为了不同而不同、为了创新而创新、为了花哨而花哨。进行教学创

---

① 摆烂是指事情已经无法向好的方向发展，于是就干脆不再采取措施加以控制，任由其往坏的方向继续发展下去。

新的根本目的，在于成就学生的学习，而不是为了成就自己。在进行教学设计时，先想清楚自己的教学目的、要帮学生培养什么样的能力。想清楚后再开始发挥创意去做教学活动设计，探索检验学习成效的方法。教学活动设计好后，千万不要忘记为自己的教学设计撰写一套论述。通过这套论述，与学生进行良好的沟通，激发他们的学习动机，接着才是真正地去实施你的教学设计并根据实施结果反思改进。只要有这样一个完整的教学设计脉络，你的教学创新一定会成功！

15

案例分享1　修课有如上线打怪！

有学生像沉迷在线游戏一样沉迷于概率课的学习。

启动教学创新，让学生更有动机学习，

天底下没有比这更有成就感的事了！

2001年后，我在密歇根大学念博士当助教，开始了我的教学生涯。随后我在密大担任讲师、回台大电机系教书，时间匆匆地就过了十八年。在2001—2010年这十年当中，我所追求的教书理念是“把课讲述得很清楚，让学生听得很有趣”。我一直在这样的路上前进，在教学上也得到了相当多的快乐。2010年，我还侥幸地获得了台大教学杰出奖。当时我在心里自问，把东西教得清楚有趣，我是不是已经做得够好了？我反思过后，觉得是的。

那问题来了，在这之后，我在教学上的追求该是什么？

隔天，在上某一门课的时候，我依然使尽浑身解数把课程讲得清楚有趣。大多数学生都认真听，可还是有人打瞌睡，这给了我很大的刺激。我回去一直在想，虽然老师把课讲得清楚有趣，但还是有人不想听，作为一名老师，是该安慰自己，笑笑就算了，还是该想办法来改变这样的状况呢?

这个问题让我辗转反侧、夜不能寐。直到半夜，我终于想出了答案。当一个学生对学习没有动机时，老师讲得再清楚、再有趣，也是对牛弹琴，毫无效果。把课讲清楚、讲得有趣，只不过是每一位老师都应该做到的基本要求。真正更高层次的追求，是让我们的学生有热情、有动机学习。

想到这里，我心里逐渐清楚接下来该追求的是什么。在教书十年之后，我的新理念是要用教学创新使每个学生都有学习动机。这将是我一辈子的功课，因为学生每五年就要换一批，每一批的思考方式都不同。现在能引起学生动机的教法，过五年可能就没有效果了。所以如何让学生真正有热情、有动机学习，是每一名老师一辈子的功课、一辈子的追求!

提升动机，BJT-Online 上线

新的教学理念成形之后，我刚好开始准备下一学期要教的电机系必修课“概率与统计”。该如何激发学生的学习动机呢? 看着电视里的一堆在线游戏广告，我突然有了一个念头：如果我把课变成在线游戏，学生会不会产生学习动机呢? 现今的年轻一代

被称为“数字时代的原住民”，游戏已经成为他们生活的一部分，如果我把课程跟游戏结合，他们的学习动机肯定会提升。有了这个想法之后，我开始打造在线游戏网站。这当中多亏了我的研究生姜哲雄、唐伟轩的帮忙，因此我取了我们三个人英文名字的首字母，将游戏网站命名为：BJT-Online！

BJT-Online 的游戏主要建构在课程作业之上。在台大，有很多学生习惯每学期修很多学分。当他们同一时期要应付很多课程时，学习方法往往会走偏，因为缺乏足够的时间来好好做作业。学生常会看作业的式子，再去比对是从哪个课本出来的，然后就只看课本那部分便开始写作业。另外，也会有人参考坊间卖的习题解答。为了改变这些流弊，我的设计是：“让学生自己出作业题目。”

出完题目之后，我们有一周的时间让各组去攻破别人的题目。我们的系统会实时地让大家看到每组攻破了哪些题目。当学生们看到别的组陆续攻破很多题目时，他们就会产生要开始赶快做作业的迫切感。攻破越多题目，分数就会越高，在游戏地图上就会跑得越快，领先别人越多。

除了让学生自己设计题目外，为了奖励大家设计好的题目，我们还有票选最佳出题的设计。故意刁难人的题目通常都不会受到青睐。在票选中获得最高票的组，会得到数百分的奖励。而给题目设计得最好的组投票的这些组，我们会通过乐透彩的方式让他们得到额外的加分，奖励他们对于题目的“好品位”。另外，上课抽问也可通过 BJT-Online 随机选组进行回答，答对的可以得到 BJT-Online 的奖励分数。我还记得第一年用 BJT-Online 抽问时，有学生因为我按得太快，本来应该抽到他们却跳到了别的组，所以跟我抱怨。居然有学生跟我抱怨上课抽问没抽到他们，我听了真的很高兴！

通过这个游戏，学生的学习动机提升了。除了游戏本身的趣味性和竞争性之外，把传统教学中老师出题、批改作业的权力下放给学生，也是让他们提升学习动机的主要原因之一。以学生为主体的学习，会让他们更有兴趣和动机，这也就是我常说的“素人教学”。

另外，因为分组的关系，同组的学生如果有人摆烂会影响整组的成绩，所以学生们会互相提携。在使用这个系统后，学生们考试成绩的标准差明显变小了，平均成绩也提高了。学生对于题目的品位也提升了。图 15-1 是学生林鼎棋、魏振宇、黄俊衡设计的题目。一个概率题目居然融入了苏格拉底和柏拉图对爱情的看法，这是多么的令人惊奇！

柏拉图有一天问老师苏格拉底什么是爱情。

苏格拉底叫他到花园中走一趟，并在途中摘一朵最美丽的玫瑰花回来，只准摘一次，而且不能往回走。这座花园的道路是一条直线，也就是说每朵花一旦错过了就没有机会再看到。苏格拉底觉得柏拉图会因为害怕下一朵花可能会更加漂亮而迟迟不敢摘取，最后两手空空而归。如果真是这样，他便可以趁机对柏拉图讲述他对爱情的哲学理念。

但聪明的柏拉图自有他的打算。其实柏拉图早就知道这座花园总共只有 8 朵玫瑰花，所以他用了一个策略来提高自己拿到最美丽的玫瑰的概率：

他先将沿路上最先看到的三朵玫瑰花当成参考样品，不摘它们。之后再看到的玫瑰，只要是比这三朵漂亮的，就选择它，不再继续犹豫下去了。

假如依照柏拉图的策略，你觉得他拿到最美丽的玫瑰花的概率是多少呢？

图 15-1　林鼎棋、魏振宇、黄俊衡三位学生概率题目设计成果

当然，其他学生的题目也都超级有趣。每次作业出题期限到的时候（通常是半夜三点），我就在床上检阅学生们上传的题目，时不时就狂笑不止。被我吵醒的太太，常常觉得我半夜不睡乱笑一通，像个疯子。这点流弊倒是我当初没想过的。

在过去几年，我曾陆续将我的设计与许多院系的老师分享，目前也有老师将我的设计用在他们自己的课程中。我也曾与国外

老师分享。美国莱斯大学（Rice University）电机系的 Ashutosh Sarbarwal 教授就把我的设计应用在他们的信息理论课程中。他告诉我："It was a big hit!"（课程很成功）。有些课可能不适合由学生出题，老师也可以改变方式，让学生自己从不同的教科书中找出他们觉得最好的题目，做出解答后上传到系统给其他组做。我试过这种方式，学生非常认真地遍览群书找好题目，效果很不错。

在某个学期期末考试那一周，当所有学生都在水深火热地准备八九个科目的考试时，我在脸书上看到一位学生写的动态。他说："期末考试快到了，还有四道 BJT-Online 的题目没有解完。再解下去，信号与系统和电磁学就不用考了，感觉挺糟的。"隔天，我看到他在脸书上写了"忍不住又多解了两道 BJT-Online 的概率题"。

看了这位学生在脸书上的动态，我当时真是感动得眼泪都快掉下来了。真的有学生像沉迷在线游戏一样沉迷于概率课的学习。

启动教学创新，让学生更有动机学习，天底下没有比这更有成就感的事了！

16
案例分享2　台大简报[①]怎么教？

只要不违反法律规定，

只要能帮助我们完成教学目标、培养学生的核心能力，

不管什么方法都是好方法！

某年冷冽的12月底，龙安小学某班的早自习，黄冠彰同学正在台上跟小朋友讲解LCD成像与RGB三原色的原理。他在跟小朋友介绍完三原色可以搭配出任何颜色后，突然说起故事来：有一天，鲁夫（漫画《航海王》的主角、“天龙国”一词的源起）跟伙伴在伟大航道中遭遇怪兽皮卡丘（口袋怪兽的主角）。皮卡丘最怕黄色光炮，可是鲁夫手边只有红色和蓝色光炮，请问鲁夫该怎么办？小朋友们马上七嘴八舌地说：“将红色光炮跟蓝色光炮一起启动，便可以合成出黄色光炮打飞皮卡丘！”冠彰哥哥夸奖小朋友真是太棒了。此时，突然出现一个稚嫩的声音：“可是皮卡丘很可爱，干吗要打飞它啊！”

这是台大通识课程“简报制作与表达”的场景之一。这门

① 简报：意思是presentation，即以PPT搭配口语所作的演示报告。

课是少有的以体验式教学让学生学习简报的重要概念的课程。之所以开设这门课程，主要源自我在密歇根大学教书时所受到的震撼。当时是我念博士的第四年，系里有门课因师资短缺而由我教授。在那门课的学生作期末专题报告时，我发现每组学生的PPT和简报都做得非常专业。美国学生的表达能力大多比亚洲学生强，这我是知道的，但每一位都这么专业，着实吓到我了！我忍不住询问熟识的美国学生为何大家的简报都做得这么好，这么专业。

他说，因为学校开设了一门教他们怎么做简报的必修课——“Technical Communications”，并要求每位学生必须联系自己该学期某门课程的专题做简报，并作为该课程的期末成果。听完后，我十分震撼，也不禁感叹美国顶尖大学教育实在领先亚洲太多！当亚洲的大学教育大多注重对专业知识、专业能力的训练时，美国的大学已认识到工程师只懂专业是不够的，简报与沟通技巧必须被列为必修课加以训练。当时我暗自告诉自己：如果有一天能教书，我一定要推动简报与沟通技巧的训练。因为我认为这种软技巧（soft skill）将是华人社会的年轻人与其他地区的年轻人竞争的关键。

简报是不能用“教”的

2005 年，我回台大任教后，因为同时开设多门电机专业课程，所以开设简报课的念头迟迟无法付诸实施。期间，我常在某些专业课程中，以一周三小时的讲演时间跟学生讲授简报的重要概念，学生的反响非常好。但是，我发现了一个大问题。我在讲演时经常告诉学生眼神接触（eye contact）非常重要，眼神闪烁或是不看观众，都会让观众对讲演者的可信度有所存疑。学生听我说的时候，往往都点头称是。可是一到期末专题报告的时候，台上的学生看天、看地、看计算机、看屏幕，就是不看台下的观众。

这样的教学经验让我认识到，简报是不能用“教”的！不管学生听了简报概念之后觉得多有道理，他们还是很难融入实际的简报行为。因此，简报教育必须要有革命性的设计才行。可是该怎么做呢？思索多年之后，我的答案逐渐浮现：“以战养战！”说来容易，到底怎么做才能创造出“以战养战”的环境，让学生得以在一学期中快速提升做简报的能力呢？对于不同的简报概念，我该怎么设计对应的体验式教学法，才能让学生真正体会、进而融入自己的简报习惯呢？在 2006—2009 年这三年当中，这些问题在我的脑海里一直萦绕不去。三年下来，诸多想法慢慢成形，我开设简报课程的决心也愈来愈笃定了。

经过三年的构思，在 2009 年的秋季，我觉得自己终于准备好了，“科技简报制作与表达”课程也随之诞生！课程的精神是以体验的方式让学生自然而然地学会做简报。课程的主要特色有四点：

1. 让学生认识到简报是一种艺术

每学期第一堂课，我都会跟学生强调：简报是一种艺术，不是一种科学！科学往往只有一个被广为接受的答案，艺术则不然。以作画为例，画画不该有一个标准的画法（虽然有补习班在教考美术班的学生怎么“画”），你怎么画都行，只要大部分人喜欢你的画，那就是好画。简报也是一样，只要大部分人喜欢你的简报呈现方式，那就是一个好简报。

话虽如此，但如何让学生真正对此有所认识呢？如何让他们在做简报时不只在乎老师，而且还在乎其他所有听众呢？又该如何让台下的学生能真正用心去听简报，而不会在三个小时里睡成一团呢？为此，我们开发了一个在线同侪评分系统（electronic peer evaluation system，EPES）。在每次简报课前，我都会设定数个问题（如“PPT 制作水平如何?”“肢体语言与表情如何?”）。当学生在台上做简报时，台下所有听众便会同时上网针对这些问题输入分数和文字意见。学生完成简报后，马上就可以看到自己的分数排名以及听众意见的汇整（匿名）。这种实时性的分数与意见反馈，可以让学生在对自己的简报表现还记忆犹新时，马上进行比对、检讨、反思。这对改进简报技巧非常有帮助。

另外，我在学期初就昭告所有学生，他们的学期成绩完全由每次听众的评分来决定。听众给的分越高，学期成绩就会越高。因此，学生一开始就非常在意自己每次做简报时所有听众（而非只是老师）的反应。而台下的学生也因为身负为同学打分的重任，非常专注地听台上的简报。台上用心讲，台下专心听，每节课下来大家都有很大的收获。

2. 让学生通过活动体验重要概念

过往经验让我认识到，只靠老师上课“教”简报概念是没有用的。以眼神交流为例，如何让学生真正把眼神交流融入简报习惯中，实在不是一件容易的事。几经思索，我设计了一系列的体验式学习法（Yeh's eye training，YET），用来改进学生的眼神交流习惯。

在 YET 中最有趣也最有效的一个设计，是让学生轮流上台做两分钟的短简报。在做简报前，先请做简报的学生离开教室一会儿。留在教室内的学生，马上抽签决定待会要扮演的角色：听不懂（2 名）、打瞌睡（2 名）、开心（2 名）、不认同（2 名）、无反应（其余学生）。抽到角色的学生，需要在接下来的同学做简报的两分钟内一直扮演该角色。抽完签后，我让教室外的学生回来，要求他在做简报的两分钟内必须找出八名角色扮演者，并说出他们各自扮演的是何种角色。到时答对几个，就得几分（算入学期成绩）。通常学生在 YET 活动中都会抛弃矜持，从第一秒开始就毫不客气地一再直视、扫视台下所有人的面孔，直到最后一秒为止。

在如此不客气地扫视众人的两分钟体验后，这样的经验便会融入学生做简报的习惯。大多数学生之后上台做简报，便不再羞涩、不再回避观众，效果非常好。除了眼神交流之外，对于肢体语言、声音表情等重要的简报议题，我也设计了相应的体验式教学法来帮助学生学习。这些方法除了有效外，也非常有趣。我们的课堂常常因此而充满笑声，真正达到了寓教于乐。

3. 让学生知道要把听众放在第一位

上个学期的简报课，我在学期中向学生宣布期末的专题简报是跟台北市龙安小学合作，每一位学生选一个自己科系的技术向高年级小朋友做十二分钟简报。在每个班级的早自习时，安排两位学生去做简报，简报结束后当场由小学生针对“哪个简报比较好”投票。每位修课的学生会被安排三次左右的早自习演讲，其期末专题成绩就由他得到的平均票数决定。成绩排前五名的学生可以进入总决赛，在龙安小学大礼堂面对十几个班的四五百名小学生演讲。演讲结束后再由这些小学生决定名次。

宣布完后，学生纷纷表示这太残酷了吧！我也看到不少学生神色惊慌。我跟学生说，在日后的职场上对主管、老板做简报时，简报的评价不会是一个百分制的分数。在老板心中，简报不是好就是烂。我就是希望学生能感受到："人生，就是这么的残酷。"下课后有学生匿名跟我说："老师，我修这门课是想学怎么做专业的简报，不是为了替电机系宣传，也不是为了学会如何取悦小学生。"我在课堂上借此回应学生："人生最困难的简报，其实是面对一群很有权力，但专业程度不高的人做简报。"为了让学生以后能够成功面对这样的挑战，我去找专业程度跟大学生有较大落差的小学生当听众。另外，我也赋予小学生决定大学生期末专题成绩的权力。目的是让学生经此一役后，未来做简报时即使碰到专业程度不高的客户或主管时，也能充满自信："小学生我都能搞定，更何况是大人！"

让学生知道活动的意义后，我们便开始紧锣密鼓地进行。我首先安排一个聊天会，将大学生和小学生合在一起分组座谈。我鼓励大学生尽量挖掘一些有助于他们准备简报的情报。比如，小学五六年级的学生的数学和自然课教到哪里了，他们都看什么卡通，他们都对什么戏剧感兴趣……我要让大学生了解到："一个成功的演讲者，必须事先针对自己的听众好好搜集情报、好好了解他们，进而做分析、订策略。”经过修课学生的努力，最后活动非常成功，许多媒体主动来采访“大学生做简报、小学生打分数”的活动。更令我高兴的是，学生们对于期末的活动都很投入，也都觉得获益匪浅、功力大增。我那两个星期在清晨的寒风中陪着学生参加早自习简报，实在太值得了！

4. 帮学生搭建面对世界的舞台

光让学生学会做简报还不够，我们还要帮他们搭建一个舞台，让他们面对世界，这样他们才会真正感受到自己所学的东西是有用的。让他们觉得很有成就感，他们才会有动机，才会愿意投入心力学习。为了达到这个目的，我创办了“台大杯简报大赛”，邀请全台湾的大学生跟上我的简报课的学生同台竞技，由网民评分。入围决赛的学生，我们还为他们举办 TED 演讲、UDN 青年论坛，让他们可以对世界发声。通过这项活动，参与简报大赛的学生学到了更多。最特别的是，他们在真实地体验世界、跟外界竞争、被世人评比之后，才会发现自己真正的不足之处。让学生自己去面对世界、去感受自己的不足，这比老师一直跟他们说他们还不够好、还要更努力有用一百倍。他们也因此更加努力以便让自己进步得更快。

除了简报大赛外，我们其他的作业也经常由网络评分来决定。比如，为了快速提升每个学生制作 PPT 的技术，我们每年都会布置一个网络上很著名的作业——台大简报课 PPT 动画设计大赛。大家只要在网络上搜寻，就能看到修此门课的学生用 PPT 做出来的每一段动画。他们这个作业的评分是由网民的点赞数与浏览数来决定的。这种把作品放到世界的舞台上让网民来评分的方式，使每一位学生都得投入非常多的心力，尽管十分辛苦，但看到自己的作品被许多人喜爱、赞赏，学生们也因此获得了很多乐趣和成就感。帮学生搭建面对世界的舞台，真的很重要！

除了以上主要特色，我的课程还有许多很有趣也很有效的教学方法，限于篇幅无法一一呈现。我在每年的评鉴中都得到学生相当好的评价。但最让我开心的是，从学期初到学期末的一次次简报看下来，可以看到学生们非常明显的进步。这让我觉得非常欣慰、非常有成就感。多年的构思与筹划总算开花结果了！

正如我演讲时经常提到的，教书可以怎么教？我们许多人在教书的时候，往往都是以前老师怎么教我们的，我们就怎么教学生，久而久之就形成了一种僵化的思维，觉得教书就应该是这么教才“对”。多年的思索让我领悟到，教书是没有限制的。

谁说教书一定要在教室里？

谁说分数一定要老师打才行？

谁说期末专题不能让小学生评分？

只要不违反法律规定，只要能帮助我们完成教学目标、培养学生的核心能力，不管什么方法都是好方法!

打开心上的枷锁，你会发现，教学创新的道路无比宽广!

Part IV
BTS 教学篇

老师只要将平常在握的教学权力（出题、评分、授课等）

部分下放给学生，

学生就会觉得自己对学习有更多的主导权，

他们对于课程的学习也将更有动机、更有兴趣！

本篇导读

17

For the student，by the student，of the student[①]

我一直以为教学只要力求清楚有趣，

学生自然就会有动机听，但事实并不是这样！

现今很多老师的教学理念都是“for the student，by the student，of the student”。许多老师为了学生，辛辛苦苦地把所有东西都准备得好好的，替学生设计了各式各样的教材、作业、题目，所有工作都是老师独立在做。但为学生做了这么多，却常常得不到学生的肯定与响应，学生的学习效果也不如老师预期的好。这是为什么呢？

个中原因就在于老师剥夺了学生学习的主动权，以至于学生失去了学习的乐趣，也失去了学习的动机。试想，一个人每天都被硬塞大鱼大肉，他对于吃还会有什么欲望吗？我们该做的是让学生“饿”，让学生重拾学习的主动权！老师只要将平常在握的

① 衍生自美国第16任总统林肯《葛底斯堡演说》（Gettysburg Address）中的“of the people，by the people，and for the people”。

教学权力（出题、评分、授课等）部分下放给学生，学生就会觉得自己对学习有更多的主导权，他们对于课程的学习也将更有动机、更有兴趣！

教学生涯的前十年，我的教学理念就是追求“Be clear，Be fun”（讲得清楚且幽默风趣），直到我侥幸获得台大的教学杰出奖。因为历年得奖的都是台大教学素负盛名的前辈们，能与这些前辈们齐名，对我是很大的鼓励。

那时我似乎开始有了一种错觉。就像武侠小说里写的一样，觉得自己的教学似乎……已臻化境。领完奖后的第三天，我在教室上课。当天我依然使出浑身解数，尽可能地把课上得清楚、有趣。可是，我不由得注意到后排有三四位学生一直在打瞌睡。我的教学不是已臻化境了吗？怎么还会有人打瞌睡？以前学生上课打瞌睡，我也不以为意，但现在看到那些打瞌睡的学生，就像不小心看到液晶屏幕出现坏点后自己便会不由自主地一直往那里看。那天，那些上课打瞌睡的学生一直存在于我的视线里。我心里一直在想：“我不是已经教得很清楚很有趣了吗？怎么还有学生打瞌睡？”

已臻化境？其实道行还浅

当晚我因此辗转难眠，苦思到半夜才突然想到：“原来是因为他们没有学习动机!”对于没有学习动机的学生而言，老师教得再清楚、再有趣，他们也不会想听。我一直以为教得清楚有趣，学生自然就会有动机听，但事实并不是这样的。

如何激起学生的学习动机？如何让学生的学习动机能够很好地持续一整个学期？这些才是教学能否成功的关键！在那当下，我才惊觉自己在教学上的道行实在太浅。想到自己竟曾生起“已臻化境”的念头，不禁冒了一身冷汗。真的感谢当时在我的课堂上打瞌睡的学生们，是他们点醒了我。从那一夜起，我的教学理念开始改变。我在教学上开始追求“如何让学生能持续有动机地学习”。

究竟该怎么做才能激起学生的学习动机呢？这个问题一直苦恼着我。恰好在同一个时间，我也被另一个问题苦恼着：“如何解决常见的作业抄袭问题?”

我去亚洲各地演讲访查的结果显示，大学生的作业抄袭问题非常严重。学生抄作业固然不对，但也有其背后的原因。主要是大学生必修学分太多了，一学期得修二十几学分，修八九门课，远比美国大学生每年只修四五门课多。一学期修八九门课，学生根本没有时间好好去思考，更别说去把作业好好地磨出来。一个题目如果花了两三分钟还做不出来，很多人便会去看习题解答。由于学生同时要兼顾好多科目，没办法只在某科某题上花很多时间，因此他们或是抄袭学长学姐过去留下来的作业答案，或是抄袭同学的作业答案，或是抄袭学校旁影印店所卖的各科教科书习题解答。

自定义题目上线，互相攻克

该如何解决这些问题呢？我想到了一个一石二鸟的方法。我决定把作业变成一种多人的在线游戏。每教完一个章节，我就让学生自己设计作业题目，然后互相解答别人的题目。答对题目越多的人，在地图上就越领先大家。由于题目都是每组学生自己设计的，因此学生想抄答案也没得抄，只能自己好好地去思考如何按部就班地解答别人的题目。就如本书“修课如上线打怪”部分所述，2011 年下学期，我们的多人在线游戏平台“BJT-Online”正式上线。

BJT-Online 这个出题互解在线游戏，一方面因为有游戏的元素使得学生非常投入；另一方面也因为题目是学生自己出的，所以学生花了更多时间研读课本内容，以便能够找出好的材料来设计好的题目。另外，我发现学生通过自己设计题目，他们对于题目隐藏架构的洞察力和解题能力都有显著提升。

这种让学生设计作业题目的教学方法收到了很大的成效。学生的学习效果较我以往采用传统教学方式好很多。学生的学习动机也大幅提升。采用这种教学方法之后，我又衍生出许多教学方法，如让学生评分、让学生设计课程、让学生决定学习进度等。这一系列教学方法都有我的新教学理念贯穿其中："for the student, by the student, of the student!"

各位老师，我们不需要再把自己搞得这么累了！辛苦半天，却像个不被感激的老妈子一样，何必呢？咱们就给学生一点空间，让他们在我们的引导下"胡搞瞎搞"一阵吧！这样学到的东西，才真正是他们自己的！

18

Learn by the student

让学生“胡搞瞎搞”可能会失败，但就是因为失败，

学生才会想知道“state of the art”到底做得多好，

又是怎么被做出来的。

在教学过程中，我们常常会忘记，建构知识其实是学生的责任。传统的讲述式教学常常都是老师在讲台上说得口沫横飞，台下的学生却昏昏欲睡。就算学生没有睡着，也只是学到了知识，根本没有学到如何建构知识，更别说引发学习动机了。BTS 教学最主要的目的，就是要培养学生自己建构知识的能力。怎么做到？这就是我们下面要探讨的“learn by the student”。

我的专业是无线通信，在这个领域会用到很多很优秀的数学设计。好几年前教课的时候，我常常会在课堂上说“这个理论太厉害了！”“这个推导太漂亮了！”“这个数学好美！”，可是台下的学生有共鸣者，寥寥无几。每次看到自己在台上嗨，台下却一片沉寂时，我就会觉得自己只是在台上自我感觉良好而已，这让我感到很悲哀。

因此我下定决心要用不一样的方式来教。I can do it differently！怎么做呢？

以通信领域很重要的数据压缩理论为例。我们在跟别人通信的时候，信息在传送出去之前都会先被压缩，这样可以减少通信所需的带宽。在压缩信息的过程中，会用到很多很巧妙的数学设计，但学生都没有感觉。所以我改了一个方式：我不教，我让他们比赛！

强迫思考，自行发想

如何开始呢？

我告诉学生，我们这学期来个“亲爱的！我把档案变小了！”的比赛。我先把学生分组。分完组后，我给他们一篇英文文章，要求各组在两周内设计出一种方法，把英文字母用位来代换。比如，英文字母 A 用 011 表示，英文字母 B 用 1101 表示等。学生设计什么方法都行，但有两个条件。

第一个条件是，当英文文章被转换成一连串的数据位时，他们设计的方法必须要能够把转换后的数据位还原。如果原来的文章无法还原，这样的压缩方法谁还敢用！

第二个条件是，学生在设计的过程中不能去查书，也不能去网上搜寻。为什么？因为现在的学生都很会利用在线资源找答案，但在找答案的同时，他们也失去了思考的机会。我曾经问过学生，在大学四年内曾经为了一个问题思考超过四个小时的人举手，结果举手的人寥寥无几。这就是我们现在教育的一大问题："学生很会找答案，以至于缺乏思考的机会。"为了强迫学生思考，我不准他们查数据，要他们完完全全地靠自己去思考、去创造。

我要求学生在两周内将他们发明的方法写成程序，然后我会给他们三篇英文文章，引导他们用写的程序做转换，到时候看哪一组的程序输出来的数据位最少，就表示他们的压缩方法最成功。虽然是在两周后验收，但我要求他们在一周后就把初步方法跟同学们分享。

一周后，我看到他们在台上的分享，感动不已。为什么？第一个让我感动的是，他们分享的方法都很粗糙，跟课本里面的巧妙方法不同。这代表着，我跟学生说明不让他们查书的目的是为了训练他们思考，他们真的都听进去了！再次证明了，师生间关于教学目的的沟通真的非常重要。

第二个让我感动的是，学生真的靠自己摸索出许多方法。比如，许多大师的数据压缩理论都有一个共通的原则，即像 A 这种经常出现的字母，我们应该用最少的位去代换它。而像 Z 这种很少出现的字母，即使是用比较多的位去代换它，对大局的影响也很有限。这个重要的原则，我看到很多组的学生都靠自己的观察、思考摸索出来了。我更高兴的是，有一组学生跑来找我说："老师，我们通过仔细阅读这几篇英文文章发现，s 跟 t 这两个字母常常在文章里一起出现，所以我们觉得应该在 26 个英文字母之外，另外多加一个'st'来考虑。"学生能靠自己的观察，得出这样的结论，是多么令人感动的事情！

在"胡搞瞎搞"的过程中，获得自信与品位

两周后，学生们完成了他们的程序，经过彼此 PK 之后，最终产生了比赛的赢家。做得好的学生，他们设计出来的方法的完成度都很高，跟课本中大师的方法有一拼。当然也有学生做得不是很好，方法看起来还是有点原始、粗糙。这时候，学生们会很想知道，书上的方法或现有的压缩技术到底是什么样的，跟他们的方法比起来，谁比较好？此时我再给他们学习材料，让他们了解大师的方法。

就在这个阶段，有趣的事情发生了。之前比赛做得好的学生在读大师的方法时，偶尔会感叹自己生不逢时，若早三四十年出生，课本上的这些方法或许就用自己的名字命名了。但更重要的

是，看到自己的方法跟大师的方法成效相近，学生便产生了成就感。他们心里想着："原来，靠我自己想，也可以想出很不错的方法！"于是，他们获得了"自信"。

前面也说到，在比赛中还有一些做得不是很好的学生。他们以前在看大师的方法时基本没有什么感觉。现在看到大师巧妙的设计后，他们开始有能力去欣赏这当中的奥妙。他们心里想着："怎么我的方法跟大师的方法比起来这么粗糙？大师怎么想得到这么巧妙的方法？真的太美了！"于是，他们获得了"品位"。

人就是这样，直接教他好东西，他未必领情。一定要自己搞砸了，才会真的想要去了解别人到底是怎么做得那么好的。这就是人性。通过 BTS 的方法，我们先让学生"胡搞瞎搞"。"胡搞瞎搞"会不会失败？会！但就是因为失败，学生才会想知道"state of the art（最先进的）"到底做得多好，又是怎么被做出来的。在这个过程中，他们会发现自己的不足，然后才会想去学。学生的学习动机就这样被点燃，这就是"learn by the student"的威力。

相对于传统的填鸭式教学而言，BTS 教学法是一个真正人性化的教学方式。而且更重要的是，做得好的学生获得了"自信"，做得不好的学生也获得了"品位"。人人都有收获，每个人都从中获得了学习的成就感，这是传统教学光靠考试分数去逼学生读书所得不到的。

曾经有一位学生，在我采用这种教法后的学期末匿名教学评鉴意见中写给我一段话：

“我开始认为，我没有什么真的做不出来的东西。只要给我时间，我一定能做出一点东西！”

当我看到这个匿名意见时，我的内心感动得无以复加。不管以后碰到什么问题，他都有自信可以解决。这不就是我们想要培养学生面对未知问题的自信吗？我们当老师的，不就是要培养学生这种带得走的自信和能力吗？

老师们想不想一起来培养孩子的自信和能力呢？

咱们一起努力吧！

19

Assign by the student

让学生自己设计作业题目，比直接让学生做习题的效果更好，也可以让学生学到更多的东西。而且还会让学生对学习更有兴趣，让学生更有动机去进行系统的学习。

BTS 教学法的一个重要设计，就是让学生自己设计作业题目。这比直接让学生做习题的效果更好，也可以让学生学到更多的东西。而且还会让学生对学习更有兴趣，让学生更有动机去进行系统的学习。这就是所谓的“assign by the student”。

亚洲一些国家或地区的教育都有一个迷思，都以为教得越多，学生就学得越多，以至于学生所学的科目、取得的学分都很多。亚洲许多大学的学生一学期修的科目数量约为美国大学生的两倍。在这种情况下，学生对于课业往往都是以应付的心态去面对的。这种现状导致很多学生的作业都是抄的。

一个好的作业题目是可以有教育功能的，它可以让学生学到老师没有教到的东西，但这需要花很多时间去精心设计才能达到预期的效果。对一般老师而言，作业通常只剩下验收学生学习成效的意义。问题是，当学生做作业都用抄的时候，作业连最后仅存的验收意义都失去了。

难道作业真的不能发挥更大的作用来帮助学生学习了吗？

学生出题的六大好处

让学生自己设计作业题目，是可行的！本书“修课如上线打怪”部分曾提到我在台大电机系的概率课程，我先把学生分组，让他们每一组设计一个题目，然后互攻。这种让学生出题的方式有六大好处：

好处一：因为没有习题解答可抄，作业又开始有了验收的意义

以往老师布置作业，往往都是从课本习题中选，学生常常会抄习题解答。现在题目都是学生刚刚设计出来的，外面根本买不到习题解答，学生根本没地方抄答案。我们还设计了很棒的规则，可以做到防止学生交换答案，因此没有人在做作业时作弊。

好处二：学生为了设计好的题目考同学，会进行系统性复习

以往写作业的时候，学生往往在交作业的前一天才写。在时间紧迫的条件下，大家往往是看题目跟哪个章节有关，然后去翻翻那一章节就开始写。这样的复习是很零碎而且不系统的。学生在设计题目的时候，都希望能出一个有水平的好题目来把同学考倒。为了设计出真正具有挑战性的题目，学生们会更有动机去把课本章节从头看到尾，仔细寻找具有挑战性的素材。这就让学生做到了有系统地复习。

好处三：设计好题让同学惊讶，得到同学的肯定，会增加学习动机

由于学生设计出来的题目，班上每一位学生都得去看，因此题目设计得好的学生，可以得到同学的称赞。这样的肯定会让学生更愿意努力，这比老师用权威压迫有效多了。相反，题目设计得不好的学生会担心自己在同学面前出丑，这样的压力会让他更加努力。同学的肯定和压力是驱动学生努力学习的最大动机！

好处四：让学生自己设计作业题目，可以使学生更有效地建立解题直觉

小时候我们解题的直觉往往是通过多次练习同一类型的题目而逐渐培养的。比如，看到题目给了直角三角形的两条直角边的长度，我们很自然就会去算斜边长。那是通过不断做题而获得的直觉。但是上了高中、大学以后，要学的东西很多，学生不可能再通过不断练习大量同一类型的题目来培养直觉。在让学生设计作业题目的过程中，由于学生会不断地把课本里的零碎概念进行重组来决定是否要用重组的结果考同学，因此虽然只出一个题目，但是学生已在设计题目的过程中将不同的零碎概念进行过很多次组合，这与他做很多题有相同的效果，而且还可以更有效地帮助学生建立解题直觉。

好处五：通过教学生设计题目，把教学理念做置入性营销

老师在采用这套教学法让学生设计题目之前，一定要先教学生如何出题。教学生如何出题的过程，便是老师置入自己教学理念的大好机会。学生在设计题目的过程中，便会不知不觉地照着老师的教学理念去做。后续，我们会有更多的探讨。

好处六：让学生自己设计作业题目，老师会有更多时间进行教学创新

让学生自己设计作业题目，学生互相批改，老师就能节省很多时间。有了这些时间，老师便可以花更多的心力在新的教学创新设计上。如此老师的教学才能一直随着时代的变迁而进步。

大家可以看到，让学生自己设计作业题目原来有这么多好处！

五个锦囊，帮助学生出好题

老师们要注意的是，“assign by the student”要成功，必须要做好完整细致的准备工作。以往我在演讲时囿于时间无法深入论述，这回借由本书来跟大家做完整的分享。

锦囊一：要设计好游戏规则

好的游戏最重要的，就是要设计完善的游戏规则，以杜绝不必要的流弊。举例来说，我们这样的出题互攻游戏，最怕的是学生彼此交换各组答案作弊。这该怎么防止呢？我苦思许久，设计了一个算分规则：每道题一千分，由解对的各组评分。狡猾的我，在第一次上课的时候就跟学生说："老师教你们怎么作弊！"我告诉他们，以第一组学生为例，他们可以拿他们解出来的三道题的答案，去跟第二组交换另外三道题的答案。拿到第二组解出的三道题的答案之后，第一组可以再拿第二组辛苦解出的那三道题的答案，分别去跟第三组、第四组……交换其他题目的答案。结果到最后，第一组拿了第二组解出来的那三道题的答案交换到了所有题目的答案。可是第二组辛苦解出来的那三道题，却因为很多组都有答案而严重贬值。学生听我说完后，眼睛都睁大了！最后我问他们一句："你们，真的都能相信你们的同学吗？"

以赛局理论来说，这样的游戏只有两个稳态，即大家都不作弊和大家都作弊。不过因为我事先刻意告诉了他们作弊的方法，大家都知道别人也可以这样作弊，所以大家反而不敢作弊了。通过这样的“恐吓”平衡，我们的赛局就落在了大家不作弊的稳态上。每组学生的解题数差异颇大，跟以往大家抄作业都交一样多的题的情况不同。作弊的问题因此减少了很多。

所以老师一定要好好花心思设计规则，以避免任何可能的流弊。这是一个漫长的工作。以 BJT-Online 为例，从开始到现在，我们已经修订了好几次游戏规则，游戏因此开展得愈来愈顺利。

锦囊二：要教学生怎么出题

出题其实是一项很有挑战性的工作。要想把题目出得好、出得没有瑕疵，需要花很多心思。缺乏出题经验的学生，是无法一开始就知道怎么出题的。因此，老师一定要在实施这样的教学方法之前，先教学生怎么出题。

我每学期初上课的时候，都会教学生怎么设计题目。我教他们如何将课本中的重要元素组合成一个好题目，如何用文字把这些重要元素隐藏其中，设计出一个好的应用题。

在教学生设计题目的过程中，我会通过制定出题规则来置入我的教学理念。举例来说，很多人看我的学生出的题都有故事，以为我是为了有趣才让他们这样做。这完全是误解。我要求他们出情境式题目，是因为很多学生都很会证明、推导，但是都不怎么会处理应用题，学了数学却不会用。为了训练学生用数学知识解决实际问题，我要求学生都设计情境式题目，尽量不要有数学公式。因为这样，整学期下来，学生活用数学知识的能力大幅提升。这就是一种教学理念的置入性营销。

再举一个例子，我对许多数理作业题目最痛恨的一点，就是题目中的条件都是一定会用到的。若学生发现有条件没用到，就知道自己的解法一定有问题。用这种方式训练出来的学生，往往在面对有很多数据的实际问题时，就不知道如何处理了。因此，我在出题教学中会要求学生出题时，除了设计必要的条件以外，再多放一些包装很精美的“垃圾”条件进去，让其他学生觉得如果不用到这些条件会很内疚。特别是常挖陷阱的人，对于陷阱的敏感度会比常人高很多。经过一学期训练后，学生解决这类问题的自信和能力也因此增强了很多。

所以老师要好好把握教学生出题的机会，将自己觉得重要的教学理念和原则统统放进出题的教学中。这样学生就会自然而然地接受这些理念与原则了。

锦囊三：要确保题目的高水平

在教会学生出题之后，我把学生分成三人一组。每次教完一章后，我就给大家三天的时间出题。之后各组分别将自己设计的题目和答案上传到 BJT-Online。为了避免出题组的题目或答案有瑕疵，新版的系统会在每组上传自己设计的题目和答案时，实时选取三个组来审查题目和答案的准确性。唯有三组都同意，出题组设计的题目才能上传到平台上。只要有任何一组退稿，出题组都要针对缺失修改题目后再上传。这样的设计让有瑕疵的题目数量大幅减少。

另外一个确保题目水平的方法，就是奖励设计好题目的小组。在我的规则中，特别设计了让所有学生票选设计得最好的题目。故意刁难人的题目通常都不会受到青睐。获得最高票的组可以得到数百分的奖励。而把票投给设计得最好的题目的这些组，也可以得到额外的加分，以奖励他们对于题目的“好品位”。

这里需要补充的是，在设计题目的过程中，为了避免学生出刻意刁难大家的题而导致大家都遭受挫折，老师一定要告诉学生什么才是好的题目。好的题目可以让学生通过历练形成观念，而不是靠烦琐的计算让人做不出来。而且老师必须要对题目难度有所规范。

举例来说，我在教学生出题的时候，会定义题目“拐一个弯”是什么意思，进而规定每一个题目最多不能超过三个弯。这样才不会出现那些恶意刁难学生的题目，也才能确保题目都是真正能帮助学生学习的高水平题目。

锦囊四：要建立作业批改机制

给学生出题，最大的困难在于老师和助教怎么批改这些学生设计的题目。我设计了一个方法可以让老师和助教很轻松地批改学生的作业。每次当某组学生做完一道题并上传他们的答案时，BJT-Online 系统就会实时通知出题组来批改。在作业时间截止的时候，我们会公布所有题目的答案，并要求学生去看出题组的答案，然后批改自己的作业。

当做题组和出题组都觉得做题组的答案是对的或错的时，批改结果是没有争议的。只有在做题组觉得自己是对的，而出题组认为是错的时，助教才需要出来仲裁争议。依据过往的经验，每次作业出现需要仲裁的情况相当少。这样的设计可以有效节省老师的时间，而且也让学生真正感受到作业不是像以往那样被打完分数就完事了，而是要看自己到底哪里错了，进而知道自己的不足之处在哪里。这也是一个很重要的教育过程。

锦囊五：要给学生出题的范例

光教学生出题，有时候还是不够。因为学生听完后还是无从想象老师心目中理想的题目长什么样，所以老师最好提供一些过去自己或以往学长、学姐出题的范例，让学生能够有所了解和想象。学生看过之后，便知道老师想要他们出的题长什么样。他们出的题也才更能达到老师制定的教学目标。

总而言之，让学生设计作业题目是一种非常棒的学习方式。只要老师好好规划，便可获得意想不到的教学效果。但是要想成功，还必须做好上述五大准备工作。只要准备工作确实做得好，你就有机会在自己的班上看到很不一样的教学风景。

20

Grade by the student

在学生互评的过程中，逐渐使其摸索出如何在别人对自己有主观评价的情况下，可以既迎合他人的主观评价，又保有自己的主体性，并得到大家的肯定。

过去，我们的老师对教学有绝对的权力。做得对不对、做得好或不好都是老师说了算，老师的权威是不容挑战的。因此老师出的作业，学生都会乖乖地做。时至今日，如果老师仍然光用权威去压学生，往往会适得其反。学生对于作业的态度，大多流于应付。更甚者，学生干脆抄习题答案了事。作业从根本上已经失去了它验收学生学习成效的功能。遇到这样的困境，老师要怎么样才能让学生真正有动机去好好写作业呢？BTS 的“grade by the student”就是一种很好的解决方法。让学生互评作业，可以让学生对学习产生意想不到的兴趣。

首先，为什么大部分学生不愿意写作业？我们每个老师都要用同理心，从学生的角度去思考和回答这个问题。花时间写老师布置的作业，到底对学生有什么好处？为什么学生要好好写老师布置的作业?

如果仔细思考，你会发现，学生根本没有理由把时间花在写作业上。当学生花很多心力写作业时，他们得到的好处是什么?一个还不错的作业成绩，再加上老师对他的好印象。可是老师对他的好印象到底重不重要?这个问题的关键，在于这位老师有没有得到学生的尊敬。如果老师很受这位学生的尊敬，那老师对他的好印象对这位学生来说会很重要。他也愿意尽全力写好作业以获得老师对他的好印象。但如果老师没有得到这位学生的尊敬，老师对他的好印象一点价值也没有，何谈学生会因此而努力地写好作业。

这样的问题随着学生年龄增大会愈明显。由于小学生一整年的大部分时间都跟同一位老师在一起，老师如果忽略他，他就会很悲惨，因此小学生会很在意老师，认真当一个听话的好学生，并很努力地写作业。但在高中和大学阶段，要学生靠自己用心写作业是很困难的。特别是在大学四年中，老师跟修课的学生经常只是在某一学期某门课上萍水相逢，在这门课之前你不认识我、我不认识你。在这种情况下，老师对学生有没有好印象，对学生很重要吗?甚至有的课一个班两三百人，学生也只不过是两三百人中的一位，老师对他有没有好印象，重要吗?

因此，除了分数之外，学生有什么理由好好写作业呢?如果要分数的话，抄一抄习题答案或同学的答案就行了，何必自己写呢？

学生相互评分的四大成效

我一直以来的信念，就是教书要从营造学生的动机着手。试想一下，现在的学生不在乎老师对他的印象，那他在乎谁的呢？是同学！学生都很在乎其他同学对自己的评价。那如果要让他们好好写作业，我们该怎么利用这个发现呢？对！就是让同学之间互相打分，也就是我们说的“grade by the student”！让学生相互评分主要有四大成效：

成效一：有效提升学生动机

让学生互评的好处是，当他写作业很用心且做得很好时，改他作业的同学会看到。除了拿到同学给他的高分外，更重要的是他会觉得自己在同学面前很有面子，这会让他下次做作业时更用心。相反，如果有一位学生不好好做作业，当他的作业被其他学生批改时，他的心肯定会七上八下，因为这样糟糕的作业居然被同学看到了。作业被同学批改的每分每秒对他来说都是煎熬。因此，下次他也会更用心地做作业。

所以说到底，就如上面所说的道理一样，学生很在乎同学之间的肯定，也很在乎同学之间的压力。与其老师整天板着脸去凶学生，不如善用同学之间的影响力来让学生更有动力去做作业。常常有人问我这招叫什么，我常笑着说，就姑且称其为“以夷制夷”吧！

成效二：有效建立学生品位

让学生评分，还有一个更深刻的意义，就是训练学生的“品位”。当我们让学生评分时，要先教会学生判断什么是“好东西”，要把他们当作专家来看。以我的简报课为例，当我让学生评其他同学的简报好不好时，其实就是要让学生以简报专家自居，让他们从专家的角度来观看别人的东西。只有当我们把学生视为专家，他们才会真的往那个方向去发展，他们也才会更加自我精进。

而当学生确实以专家自居时，他们对自己的作业也会有更高的期许与要求，无法接受自己的作业不够好而被其他同学评低分。因此他们就会产生很强的学习动力。到头来，学生既能建立品位，也能提升学习动机。

成效三：有效给予正向反馈

在要求学生给其他同学评分、点评时，我们发现学生们或基于同学情谊，或基于某种……在改到没有做得很好的同学的作业时，大家给的评语仍会比老师给的温和，甚至还会有点正向地说:“……其实你做得也还不错。”结果没有做得很好的学生，也会因此得到一些正向反馈，让他下次会更有动力改进。

如果换成老师批改所有作业，在改到比较差的作业时，老师很难给出正向反馈。这些没做好的学生，从老师那里得不到正向反馈，就更不愿意好好做作业了。因此让学生评，会让这些学生有机会得到正向反馈。

成效四：有效达到共学效果

当学生在批改其他同学的作业时，他们会发现同学的作业跟自己的作业的差异之处。这些差异之处会成为他们学习的重要材料。学生会去想:“为什么同样的问题，同学 A 会有这个观点，而我没有想到？他这个观点合理吗？还有哪些不太合理?”

以前学生写完作业交给老师批改后，就觉得自己没有责任了。但如果老师采用学生互评的方法，学生做完作业后，还会通过批改其他同学的作业进行反思。这可以让学生对作业中的问题更有印象，也会让他从同学的作业中得到学习的机会。这种学生共学的现象，对老师来说是非常美妙的！

两个案例，示范学生互评互学

既然“grade by the student”有这么多好处，那到底该怎么操作呢？下面我提供两个案例，一个针对课堂活动，另一个针对一般的课后作业。

案例1：课堂活动互评

每个学期，老师通常都会安排学生上台作报告的教学活动。原本是希望不要每次都是老师在台上讲，偶尔让学生上台作报告，可以让师生的互动更活跃。但上台作报告的学生，往往都把焦点放在打分数的老师身上。另外，他们的PPT也不会针对同学去做深入浅出的设计，因此同学们都听不懂。最后的结果经常是，作报告的学生在前面与老师面对面（face-to-face），而后面的学生则都在滑脸书（face-to-Facebook）。报告的效果非常差！

为了改变这种现象，我们开发了一套学生互评软件。我跟修课的学生说："你们的报告，不再是由我评分，而是由全班学生用互评软件评分、给匿名点评意见。如果你们的PPT做得让其他同学都看不懂，你们觉得自己会拿到高分吗？"

学生都很聪明，自此之后就很用心地设计PPT，甚至还会加入一些幽默的段子来活跃课堂气氛。上课前，我通常会设定几个问题让学生用软件评分。比如，PPT制作水平如何？（1～5分）、肢体语言表达水平如何？（1～5分）、有何改进意见？（匿名文字意见）。

自从我们这样实施之后，学生的课堂报告就完全不同了。在学生作报告的时候，教室开始充满欢笑声。另外，由于作报告的学生针对同学去设计 PPT，因此大家都听得更懂，也听得更专心了。而学生也从别人给自己的分数和匿名意见中，知道自己表现得好不好。常常有学生告诉我，这些意见对他们后来的进步很有帮助。

案例 2：课后作业互评

除了课堂报告之外，一般的课后作业我也常常用学生互评来决定分数。我告诉学生，在作业期限前上传自己的作业到学习管理系统后，我会公布所有学生的作业给大家互评。每一位学生要选六位同学的作业进行点评。除了打 1~5 分的分数外，每一份作业都要给出 150 字以上的点评。每一位学生的作业同时也会被其他六位同学批改。六位同学给他的分数总和，就是他这次作业的分数。

至于要改哪六位同学的作业，可以由老师每次随机决定，或是通过一种机制决定。比如，第一次改自己座号+1，+2，+3，…+6 的同学的作业（超出最大座号再从头开始），第二次改自己座号+2，+4，+6，…+12 的同学的作业。总之要让学生每次都改到不同的作业，一方面可以让他们不至于相互作弊，另一方面也可以让他们每次从不同的作业中学习。

为了避免学生彼此给高分，我通常会规定在学生批改的六份作业中，最多只能给出两个5分、两个4分。若有学生经常恶意给所有人低分，老师也可以考虑规定每个人最多只能给出两个1分。

操作互评机制的两个前提

通过上面两个案例，大家可以看到课堂活动、课后作业都可以采用学生互评的方式。但是要成功地操作，还要留心两个前提：

前提1：要教学生如何评分

学生基本没有评过别人的作业，所以如何点评别人的作业，需要老师指导。对于一般的制式作业，老师要制定相对合理的评分标准。也就是你要让学生知道，什么样的作业有资格得5分，什么样的可以得4分。老师要为每次作业制定评分标准。例如，作业参考五篇以上的资料，并提出两个以上的论点，可以得5分；作业参考四篇资料，并提出两个以上的论点，可以得4分……老师必须把这个标准制定出来，并利用实例给学生示范如何在批改时做判断。

前提2：审慎决定评分比例

在学生还不是很会评分时，老师可以把学生评分占成绩的比重定在50%，另外50%由老师的批改成绩决定。比例大小由老师自己决定。但我个人建议学生评分占比不要低于50%，以免学生又认为这是由老师主导的事情，与他们没有太大关系，从而失去兴趣。随着学生批改他人的作业愈来愈有经验，老师可以把学生评分的比例提高，甚至达到100%都行，真正做到完全BTS的境界。

让学生评分真的是一件有效提升学生学习成效的事情。但偶尔还是会有学生抱怨说同学打的成绩不够客观。下面我想跟大家分享一个小故事。曾经有学生在给我提教学意见时，抱怨这种让学生评分的方式不够公平客观。看到这个评语时，我觉得太好了，可以趁机给学生一次教育。我在课堂上跟学生们说：

“各位同学，你们从小到大，从小学到大学，都追求所谓的公平客观的评价，可是当你们离开这学校，去工作单位上班的时候，大家都会给你们绝对公平客观的评价吗？不会。

你去公司上班，你的同事就是讨厌你，看你不顺眼。你问他为什么，他也说不出原因，就只是不顺眼。如果你从小到大，一切都要求学校要绝对公平，绝对客观，那学校对你而言，就是另一种温室。

当你从一个绝对公平客观评价你的温室毕业，进入一个充满主观评价的现实世界，你该如何生存？

所以，像我们这样让学生互评，当然不可能百分之百的客观，但在这个世界上本来就没有百分之百的客观，你得开始学会接受这个事实。我们班是很多人一起评分，从某种程度来说，只要评你的人够多，结果应该还算相对客观。如果大多数人都觉得你做得不好，那你可能做得真的挺不好的。就算评分有那么一点不客观，对你也是好事。因为这会帮助你以后更适应这个充满主观评价的现实世界。”

上述案例再次证明，老师和学生的沟通很重要。在极端讲究公平和客观环境下长大的学生，进入社会后很多都会适应不良、情商很低。社会上的许多纷纷扰扰也都是因为大家太在乎一定要绝对公平，可是很多时候那些所谓的公平也不是真正的公平，只是形式上的公平、假平而已。

所以我觉得“grade by the student”是让我们的学生能够开始慢慢学习接受别人对他带有一点主观的评价，并在这个过程中逐渐摸索出如何在别人对自己有主观评价的情况下，可以既迎合他人的主观评价，又保有自己的主体性，并得到大家的肯定。这是我们年轻人未来在社会上生存必备的重要能力。或许这才是“grade by the student”带给学生的最大益处！一辈子都受用无穷！

21

BTS 教学法＝了解＋引导＋观察＋学习

BTS 教学成功与否，完全在于老师对

自己学生能力程度的掌握。

在我近几年到处推广 BTS 教学法后，有一次我收到一个陌生学生发给我的脸书信息。他是某大学的学生，他告诉我，他们系上某个老师开设了一门必修课，在开学的时候，老师先把班上的学生分组，然后宣布："课本第一章由第一组教、第二章由第二组教、第三章由第三组教……。"老师自己不教。

由于这些课本内容学生都没学过，因此在准备教学的过程中常常会有不懂的地方。于是他们就去问老师，但老师都要他们自己想办法。写信给我的学生很生气地对这位老师说："老师，你根本什么都没有做！"没想到这位老师居然这样回复他："这就是台湾大学叶丙成老师说的 BTS 教学法！"学生因此写信来问我：为何 BTS 教学是这样的？

看了这条信息，我发现有的老师对 BTS 教学有很大的误解，以为 BTS 教学就是把东西丢给学生，自己什么都不做。这是错的！BTS 教学绝对不是老师什么事情都不做，只把学习的责任推到学生身上。相对的，要做好一个成功的 BTS 教学设计，老师必须努力完成下面的五大步骤：

第一步：全面了解学生的能力。

第二步：在学生能力范围内，留出空间给学生“胡搞瞎搞”。

第三步：在学生“胡搞瞎搞”的过程中密切观察，并给予必要的引导，但绝对不要直接告诉学生怎么做。

第四步：在学生“胡搞瞎搞”结束之后，一定要带他们作报告并进行反思、互评、观摩。

第五步：最后由老师总结，并进行必要的延伸教学。

大家会发现，要完成这五大步骤，老师是要花很大精力的。绝对不是把东西丢给学生让他们自己解决，而自己完全袖手旁观。这种行为绝对不是我倡导的 BTS 教学。BTS 教学成功与否，完全在于老师对自己学生能力水平的掌握。老师在操作的时候，一定要时时密切观察学生的反应，进而修正自己对学生能力的认知，并调整后续教学活动的设计。

只要老师能这样时时观察、时时调整，BTS 教学一定会愈来愈成功，学生的学习动机也会愈来愈强，老师也将愈教愈有成就感！

老师、家长要记住，BTS 教学代表的是一种适应未来的教育价值体系转变：

1. 答案导向→过程导向

不再只追求答案的对错，而是在乎自主学习的过程（探索、设计题目等）。

2. 定于一尊→同学肯定

不再用个人权威去压迫学生，而是用同学之间的肯定作为驱动学生的动力。

3. 被派问题→自定义问题

不再直接把问题给学生，而是训练他们自己找问题、自己设计问题的能力。

4. 被改对错→同侪共学

不再只是把作业交给老师批改就没事了，而是让学生互改互评，并在彼此作业的差异中共学，建立学习的责任感与品位。

BTS 教学法能真正让孩子形成对其一辈子都有用的自信与能力。唯有帮孩子培养这种自信与能力，他们才有办法去面对一个充满未知挑战的未来世界。

Part V
BTS 翻转篇

BTS 翻转教室的操作，
能够提高学生的学习动机，并使其形成自学能力。
这样的教学可以让老师有更多的时间来做“人师”，
传递重要的价值给学生，从而提高学生的生命高度。

本篇导读

22

广义翻转与狭义翻转

教育不是产品开发，不能为了创新而创新。
老师应该为自己所设定的教育目标和要达到
的学习效果，而去设计合理的教学方法和教学过程。

近几年，“翻转”这两个字随处可见，好像只要挂上“翻转”，才显得有创意、有新意。这种趋势再继续下去，不久以后，西毒欧阳锋①就会被翻案成中原武林之首了。

“翻转（flip）”之所以能够被普及，是有原因的。早期，flip主要是跟翻转课堂（flipped classroom）连在一起。在百度上输入“flipping”进行搜索，几乎所有网站都是跟翻转课堂有关的。但近年来，翻转有了不一样的内涵。“翻转”这两个字开始与创新产生关系，也开始流行起来。

在教育界，我认为“翻转”二字的流行，造成了某种程度的困扰。最主要的问题是，当老师们在谈“翻转”时，根本不

---

① 欧阳锋是金庸小说中著名的反派角色和武功绝顶的高手，是贯穿两大著作《射雕英雄传》《神雕侠侣》的人物。此人凶狠毒辣，为求夺得“武功天下第一”的名号不择手段，外号“西毒”。

知道彼此谈的是什么。A 师的“翻转”，跟 B 师的“翻转”，跟 C 师的“翻转”，到底是一样的东西还是不一样的东西？教学方法有上百种，只以“翻转”之名，根本无从沟通。对于一般的产业来说，创新总是好的，所以“翻转”代表创新并不是坏事。但是，教育不能为了创新而创新，老师们必须对“翻转”的定义有更明确的共识才行。

对教育而言，到底什么是“翻转”？

就我的观察，目前教育界所谈的“翻转”，主要有两种不同层面的定义。狭义的“翻转”，指的是像翻转课堂这样的教学方法。这样的翻转课堂主要专注于各学科的知识。其焦点在于如何通过“回家看录像、课堂写作业”这种有明确操作方式可依循的模式，训练学生自主学习（包括预习、做题、讨论等）的习惯与能力。

最大差异，方法明确可依循

另一种老师们常提到的“翻转”，是比较广义的“翻转”，泛指教师、学生在学习过程中角色的翻转。前面所提到的翻转课堂，由于老师跟学生的角色也有所转变（传统课堂由老师讲授，现在由学生分组做题、讨论、展示），因此也算是广义“翻转”

的一种。但除了翻转课堂之外，问题导向学习（problem-based learning，PBL）或是前面提到的 BTS 教学设计等，也都有师生角色异位的特色，因此这些教学亦被视为广义的“翻转”。这也是为什么常听到有的老师说，他们的课堂很早就在“翻转”了。因为 PBL 这类教学方法，在过去已经有很多优秀的老师采用了，这些老师都堪称广义“翻转”的先驱。

其实狭义的“翻转”（翻转课堂）跟广义的“翻转”有很大的差异。其中最大的差异是，前者有明确的方法可依循，只要老师照着方法操作，基本上都可以上手。而后者该如何操作，则没有明确的方法可依循。针对不同的教学内容和实验，老师会设计出完全不同的教案让学生去操作。针对某个教学课题，到底该怎么设计教案是无固定程式的，只能靠老师的个人经验。另外还有教学目标的差异，前者的焦点主要是学科内容的教学，后者除了学科内容外，老师往往还想达成学科之外的教学目标。

我个人认为，在目前很多老师还没有太多“翻转”的经验时，应该从狭义的“翻转”开始比较好。毕竟翻转课堂针对目前的教材内容是有方法可以依循的，而且最终目的还是要让学生的学科学习有所进步。至于更广义的“翻转”，老师也应该接触，但要审慎为之。教育不是产品开发，不能为了创新而创新。老师应该为自己所设定的教育目标和要达到的学习效果，而去设计合理的教学方法和教学过程。广义“翻转”经验较少的老师，在这部分应该根据自己的经验和对学生的认识，审慎评估、设计。这样才不会只是学生热闹一阵过后，却什么都没有留下，也没对学科的学习效果有直接的提升。

希望以后在谈“翻转”教育时，老师们对“翻转”都能有明确的定义，知道彼此在谈的是什么。狭义的“翻转”——翻转课堂，是每个老师都可以做的，是不分精英学生、弱势学生都可以做的，是不需要家长配合就能达成的。广义的“翻转”，根据老师设计的不同，有可能需要一些额外条件的配合（学生的程度、家长的支持）。但若设计得好，也有可能做到不需要额外条件的配合就能施行，如果老师有相当的教学经验就比较容易成功。

To flip，or not to flip，that is the question！①

Umm……may I ask what kind of flipping are you talking about?

狭义的“翻转”，大家都可以做；广义的“翻转”，老师最好先进行小规模尝试，慢慢积累经验，才比较容易成功。

① 本句仿自莎士比亚《哈姆雷特》剧本中的名言，原句为“to be，or not to be，that is the question.”此处翻译：翻，还是不翻，这实在是个大哉问！嗯，请问你说的翻转是哪一种呢？

23

BTS 翻转：准备篇

BTS 教学法所做的种种教学设计，使教学的成效非常好。
它能帮学生培养许多传统教学无法培养的能力。

近年来，我开始对大中小学教师推行 BTS 教育新思维——for the student，by the student，of the student，在海峡两岸暨香港就演讲近五百场。为什么要这么辛苦地推广这种教学思维呢？因为在高度全球化的时代背景下，世界变化的速度在加快；由于网络的兴起，信息新陈代谢的速度也在加快。在这种趋势下，能力比知识重要，能力比学历重要，但是很多家长和老师并不知道这些观念的重要性。

什么是学生未来在世界上竞争所需要的真正能力？“能够自主学习新知的能力”“能够面对未知变局的能力”“能够独立思考判断的能力”“能够表达营销自己的能力”……这些都是未来他们安身立命最重要的关键能力。老师要怎么样才能使学生具备这样的能力呢？我坚信 BTS 教学法能够真正培养孩子的这些能力。我在 BTS 教学法中所做的种种教学设计，让学生先摸索后学习，让学生自己设计作业题目，让学生互相评分给意见，教学的成效非常好，帮助学生们培养了许多传统教学无法培养的能力。我发现，当 BTS 的做法与狭义“翻转”（翻转课堂）结合时，效果会更加惊人。

因此，我设计了这套“BTS 翻转课堂”教学法。不管是大学还是中小学，都适用。利用这套教学法，老师可以做到：

学生周周按课程进度念书，
马上发现问题并及时补救，
做翻转不需高昂硬件成本，
老师不用花时间批改作业，
老师从此不需要吃胖大海。

5 个要件，BTS 翻转起步走

这似乎是每个老师的梦想！怎么做到的？在开始做 BTS 翻转课堂前，有几件事情是必须先准备的：

要件 1：创建手机交流群或在聊天软件上建群

目前，许多年轻人几乎时时刻刻都挂在社交软件上。以往老师习惯用电子邮件宣布课程事项，但现在的学生很少有固定时间查收邮件的习惯，却随时巴望着看到自己社交软件上出现的新动态。老师若能善加利用社交软件的功能，并将其用于教学，会有意想不到的效果。想象一下，当学生很兴奋地看到社交软件上的新动态，非常急切地点下去时，才发现是老师在公布新的课程作业，是不是很过瘾！

社交软件可以让学生实时看到老师对课程的公告事项，甚至可以让学生实时看到其他同学的学习动态。这对于提升教学效果有很大帮助。

各位老师，请在学期开始前做到以下几点：

• 先为自己教的每个班创建一个私密的手机交流群，并要求班上所有学生都要加入。

• 跟学生强调加入群并不代表加老师为好友，所以不必担心师生看到彼此的隐私。

• 跟学生约法三章，群里的公告信息视同正式公告。

通过手机传播信息比用电子邮件更加实时有效。

要件 2：学会使用在线问卷调查

在线问卷调查是一种非常方便的网络工具。一般来说，老师在教室要让学生做题、汇报答案，都只能通过纸本。学生交上来后要整理，既麻烦也很不环保。如果使用在线问卷调查，老师只要在网站上设计好数字化问卷即可。问卷设计方法很简单，在网络上有很多使用方法的介绍。老师只要搜寻一下，便可以在半小时内学会怎么轻易地设计出自己的数字化问卷。

当老师设计完自己的数字化问卷后，系统便会产生一个网络链接。老师只要把这个链接发布到手机交流群里，所有学生都能看到。任何一位学生只要点了链接，就可以用自己的智能手机或平板电脑作答。作答完毕后，老师便可以在在线问卷调查网站上很容易地获得可用于计算成绩的统计数据。这个工具已经有很多老师在使用，非常有利于翻转课堂的实施。还没用过的老师，赶快查看网络上的教学视频，很快就可以学会了。

要件 3：准备一台实物投影仪

在 BTS 翻转课堂的教学法中，每一个题目老师都需要随机抽一位学生上台讲解他的解题过程。如果是数理类、工程类课程，学生往往要把自己的答案先誊写到黑板上，这难免会浪费全班学生的时间。为了让上课更有效率，避免冷场，老师最好准备一台实物投影仪，并在开学的时候就跟学生立下规矩：“做题时，每个人都要在笔记本上完整地写出推导过程。被抽中讲解的人，必须在三十秒内把自己写的东西放在实物投影仪上跟大家讲解。”这样便可以省下誊写的时间，使课堂更有效率。若没有实物投影仪，老师也可以利用可外接投影仪的手机或平板电脑，要求学生在三十秒内用手机或平板电脑把推导过程拍照后，投影到屏幕上进行讲解。

要件 4：将学生分好组别

BTS 翻转课堂最重要的理念，就是学生要分组。小组与小组之间彼此竞争，小组之内互相合作。一方面，学生会因为跟其他组的竞争而产生动机；另一方面，由于小组内的同学共同合作、分数共享，因此学生会因为有组员伙伴合作学习而有安全感，不会因为竞争而失去学习的自信。通过这种同学间既合作、又竞争的学习方式，我们可以完全兼顾学生的学习动机与学习自信这两个层面。老师在开始上这门课程之前，必须先将学生整个学期的组分好。

组的大小视科目难度、班级人数、课程设计等因素而有不同的考虑。我个人建议每组三人最佳。如果一组四个人及以上，很容易出现“多人挑水没水喝”的状况。另外，若教室座位无法移动，四个人坐一排时，坐在最左边和最右边的学生很难参与讨论。

如果两人一组，最令人担心的是如果有一人摆烂，另外一人的学习将受到严重影响。过一阵子之后，受影响的学生很有可能会顾影自怜，接着也就自暴自弃了。

如果三人一组，即使有一人摆烂，另外两人仍可互相扶持。就算是哪天要动员原先摆烂的组员重新开始，也会轻松很多。

最好是让学生自己分组，以免之后因有人摆烂而影响全组成绩，进而导致受影响的学生把矛头指向老师。一般来说，最好让学生自己分组，但要求每组最多只能有一位成绩好的学生。这样成绩好的学生才能分散到各组，去帮助其他学得比较慢的学生。目前网络上有很多分组方法可供老师们参考，大家可以多参考不同的分组方法，选出最适合自己班级的方法。

要件 5：确认每组都有可上网设备

目前，推广翻转课堂的最大困境，往往是学校的数字资源不够。很多老师以为要做翻转教学，每个学生都必须要有可以上网的设备才行。然而要让每位学生都有可上网设备，对很多学校来说都是很大的困难。这也是很多老师对翻转教学心有余而力不足的主要原因之一。

在 BTS 翻转课堂教学中，我会让每一组学生利用在线问卷调查来填写看视频的进度、题目互评分数，因此每一组只要有一位学生有可联上网络的智能手机或平板电脑即可。如果班上的学生真的没有，或是学校网络没办法让所有人联机，也没关系。进度和分数的汇报可以改用纸本卷子进行。不过，学生对于上课能使用网络设备，通常会觉得很酷、很好玩，所以若能使用的话，老师可以得力于“Cool factor（酷效应）”而使学生更用心学习。

为了帮助老师降低做翻转教学的硬件门槛，我开发的 BTS 翻转课堂教学法刻意降低了对设备的依赖。只要每一组有一台可上网的设备就行。如果每一组只要一台设备，一个班级只需要七八台。目前有很多品牌的平板电脑都可以用来上网、看视频。这大幅降低了学校推动翻转教学的硬件门槛。

老师完成了以上的准备工作后，就可以开始接下来的驯化篇了！

24

BTS 翻转：驯化篇

做翻转课堂，帮学生养成看视频的习惯，是老师的责任！

不管在哪里，用翻转课堂教学的老师最常碰到、也最苦恼的问题，就是学生不看视频。往往老师兴冲冲宣布这学期要进行翻转教学，也拍了视频要大家回去看，可是隔天总是会有相当比例的学生没看。这是最让老师苦恼的。那该怎么办呢？

一般老师往往忽略了 BTS 翻转课堂一再呼吁的重要原则："做翻转课堂，帮学生养成看视频的习惯，是老师的责任！"这一点非常重要！因为学生们在过去很少有通过视频学习知识的经验，现在老师要他们回家以后都看视频学习，哪有那么容易！所以老师必须要帮学生（特别是年幼的学生）养成通过视频学习知识的习惯。怎么做呢？BTS 翻转课堂有四种技巧可以帮助学生养成看视频的习惯：

四个小技巧，非看视频不可

技巧 1：头两周先在课堂上看视频

老师在做翻转课堂之前，若班上的学生以前不曾有类似的经历，那他们就不会有从视频中获取知识的经验。因此一开始驯化学生最重要的任务，就是让他们先习惯从视频中获取知识。由于学生一回家，老师就没办法控制他们的行为了，因此可以先从老师能控制的环境开始，也就是从课堂开始。

在开学最初两周，先不要让学生回家看视频，而是用上课的时间播放视频给学生看。这样做的用意是先让学生习惯从视频中获取知识。由于翻转课堂的视频时长通常是课堂时间的一半，因此播完视频后还有半节课的时间可以进行讨论和做题。过了两周后，学生基本都已经习惯了从视频中获取知识。接下来的第三、第四周，老师就可以告诉学生从现在开始都回家看视频，只要大家在家好好看视频，老师就不留家庭作业（其实翻转课堂原本就不会留家庭作业，这样讲只是做个顺水人情而已）。学生养成看视频的习惯后，再加上有不做作业的诱惑，他们在家就会乖乖地看视频。

技巧 2：给予差异化待遇

如果老师开始让学生回家看视频后，隔两天上课问有多少人看了，结果只有六成学生说看了，那怎么办？有的老师觉得有四成的人没看，什么都不懂，就犹豫该不该在课堂上讲解一下。老师，切记！绝对不可以在课堂上讲课！因为你一讲课，那六成乖乖听话看视频预习的学生，一定会马上非常不爽："为什么我乖乖听话预习，结果老师现在却要浪费我的时间，帮那些不听话没预习的人重讲一次？我以后也不预习了！"

BTS 翻转课堂一再强调的，就是在学期一开始老师就要让学生知道，老师上课是不讲课的，只让学生发问。只要有学生发问，老师一定会解释清楚。但是老师绝对不会在学生没发问的情况下重新讲课，因为我们要训练学生"主动求知识"的习惯。如果老师不重讲，可是又有四成学生没看视频、也不会问，难道就放任他们吗？当然不是！其实，可以善用"差异化待遇"的方式，让没看视频的学生在教室后面看视频（用他们自己的手机或是教室里的平板电脑、计算机等）。老师则在前面跟看过视频的学生进行做题、抢答、讨论等活动。在学期初的几次活动最好都设计得很刺激、很欢乐，让在后面看视频的学生觉得不能参与活动而感到不爽。这样他们下次就会记得看视频了。

技巧 3：加强同侪压力

利用前面循序渐进的方式，大部分学生应该会开始看视频了。有没有办法加强学生看视频的动机呢？有！老师可以在手机交流群里进行“在线民调”，用很简单的方法就可以让学生看视频的比例再大幅提升！BTS 翻转课堂怎么利用民调功能“逼”学生看视频呢？

我每次上课前几天都会在手机交流群里以“在线民调”方式公布这次要预习的视频进度。然后列三个民调选项：“轻松看完”“还没看完”“完全没看”，并要求每个学生看完后尽速回复。通常学生没看视频是因为回到家以后，看不到其他学生看视频，所以很容易掉以轻心。但是只要看到其他同学一个个回复“轻松看完”的时候，大家就会担心自己落后而纷纷赶着去看。一旦全班绝大部分人都看了，还有谁敢不看呢？教师可以利用学生普遍使用的手机聊天软件 QQ、微信等建立聊天群组，要求完成视频预习的学生在聊天群组里回复。当一位同学利用手机聊天软件回复时，所有学生的手机都会同时震动，所有学生都能“切身感受”到其他同学看完视频的“动态”。效果极佳！

技巧 4：利用班级经营

BTS 翻转课堂最重要的精神，就是学生分组，大家成绩共享。所以从学期一开始，我会一直在班上创造一个氛围，告诉学生如果没看视频，会对不起另外两位队友。因为别的组三个人都看了视频，在课堂上做题的活动中，人家是三个人在抢分。若有人没看视频，他那组在抢分时就会非常吃亏。由于小组成员分数是共享的，没看的人会使队友吃亏，因此会对不起队友。只要老师整学期都创造这样的氛围，而小组又是学生自己互选好友来组成的，没有人会愿意在这样的氛围下对不起自己的好友，所以不看的人会变少。

另外一个可以使用的方法，就是善用免写作业当诱惑。其实BTS 翻转课堂教学，原本就不应该留作业给学生回家写（下一篇会论述）。不过老师可以把这件事情给不知情的学生当福利。能够不用回家写作业，学生开心都来不及，谁还敢冒全班之大不韪回家不看视频，而害得全班要回家写作业！因此大家看视频的动机会更高。但是为了防止学生谎报自己看过视频，中小学老师也可以考虑改由家长在手机交流群里回复孩子看视频的状况，效果有可能更好。

在完成这些驯化工作，帮助学生养成看视频的习惯后，我们就可以开始着手进行教室内的翻转课堂教学了。

25

BTS 翻转：实战篇

遵行实战策略，老师不用在课堂上声嘶力竭，
也不用再辛苦批改作业，更不用担心学生不订正、
不知道自己错在哪儿。

前面几篇的任务都相当简单，如果你都能完成的话，接下来就是在教室里面的实战了。老师的第一个疑问是："如果上课内容都在视频中讲过了，那在课堂上干什么呢？"

在传统教学里，老师们对自己的定位就是一个演讲者。每个老师都认为自己的主要价值就是在课堂上给学生演讲。在没有慕课之前，当老师的，只要比自己学校教同样科目的同事教得好，就安心了。这就好像大家去海边游泳，如果看到鲨鱼，不要慌，只要你能游得比你同伴快，你就可以安心了。

但自从慕课出现后，大学里已经出现了这种现象：如果老师讲得太差，在 Coursera 等一流慕课平台上又有名校老师教同样的科目，学生就不去学校上课了。我常跟老师说，如果你真碰到这样不来上课的学生，你反倒应该安心。最怕的就是某个学生每天

都看斯坦福大学老师教的同一科目的慕课，然后你的课他还每堂必到，坐在最后面双手抱胸，冷眼看着你上课。你每说一句话，他便以鄙夷的神色跟旁边的同学窃窃私语，说你教得不好。天啊！如果有一个这样的学生在课堂里，老师的尊严往哪儿摆？

这就是老师的价值问题。如果你只把自己当作演讲者，你可以给学生演讲，网络上世界名校名师的慕课也能对你的学生演讲。你真的有自信自己的演讲比世界上其他老师还要好吗？如果不能比世界名师讲得好，而你在课堂上也只是讲演而已，那你被视频取代是必然的。

所以老师要找寻自己的新价值。有什么事情是只有你可以对你的学生做，而网络上的名师没办法对你的学生做的？那就是对话！只有通过对话，老师才有可能了解学生，进而因材施教。跟学生对话，才是你作为老师真正无可取代的价值所在。

因此，在后慕课时代的老师，真正的价值不再是一个 Lecturer（演讲者），而应是一个 Facilitator（引导者）。如何使用翻转课堂这类活化教学模式去带动学生讨论、去启发学生思考，那才是未来老师真正的核心价值。老师们，以后要学着当主持人、制作人，别再当老是霸着麦克风的胖虎①了！

---

① 胖虎是藤子 · F · 不二雄漫画作品《哆啦 A 梦》中的重要角色，旧译为技安。其歌声极为恐怖，却很喜欢唱歌，常常在空地开演唱会，并要求众小朋友来听。

如果要在翻转课堂内增加师生之间的讨论与对话，那我们到底该怎么操作呢？

翻转课堂之所以被称为翻转课堂，是因为它提倡“在家看视频，在课堂上写作业”。我们常会听到做过翻转课堂的老师或家长说：“进行翻转之后，学生变得很累，负担很重！”这完全出乎我的意料。因为我自己的学生在我开展翻转教学之后，普遍认为这样的学习是比较轻松的，为什么中小学老师采用了以后，学生反而更累了？

那问题到底出在哪儿呢？

问题在于，翻转课堂的核心概念是在家看视频预习，作业在课堂上做。可是许多老师就是放不开，舍不得让学生回家不写作业，所以他们的翻转课堂变成了“在家看视频，在家写作业”，只翻了一半。原有的作业要写，又要看视频预习，学生当然会很累！事实上，在目前的教育环境下，翻一半比不翻还惨。因为学生在繁重的课业下会变得更累，自学效果会大打折扣。

13 个步骤，按表操课轻松学翻转

正确的翻转课堂，应该是把家庭作业全部取消。这才是一个完整的翻转！让学生在家写作业一点意义都没有，因为大家在家写的作业很多都是抄的，写这种作业有什么意义？既浪费学生的生命，也浪费老师的生命。到底该怎么做呢？BTS 翻转课堂的做法，就是让学生回家只看视频不写作业，在课堂上一题一题地按照下面介绍的方式去做。BTS 翻转课堂也会让学生订正、互改，老师从此都不需要改作业了！学生还抢着订正错题，真的让老师很轻松，学生又学得扎实。接下来，我介绍一下老师每次上课要完成的步骤。

1. 课前准备

步骤 1：上课前两天在手机交流群里公布预习视频链接。如同本书前篇提到，在手机交流群里公布预习视频链接，学生会因为同侪压力而更认真地预习。

步骤 2：上课前选好课堂上要用的题目。根据之前要求学生看的视频进度，选择适合学生演练的，体现视频所教观念的题目。题目以适合学生五到十分钟内解决为宜。如果题目很大，最好再把它分解成多个子题目。上课前，将题目再详细阅读一遍，加深印象。

步骤 3：上课前设定好“视频预习进度汇报”的在线问卷调查。这是要在课堂上让学生在同组伙伴面前再次正式报告自己预习的进度。没有看完视频的人，将因此而承受对不起伙伴的“罪恶感”，这有助于督促他下次主动预习。在学期初告诉学生，每堂课这部分的回答结果会记入平时成绩，请大家务必记得要看视频。若无法使用在线问卷调查，也可以采用纸本问卷，只是事后需要人工整理，较为麻烦一点。

步骤 4：上课前设定好“课堂评分汇报”的在线问卷调查。BTS 翻转课堂的一个特色，就是让学生都在课堂上做作业，做完后交给其他组的同学批改，然后让批改组的同学汇报他们所改的那一组在每一道题上的得分状况。上课时，老师给的每一个题目，组内的每一个人都要自己写一份答案，彼此间可以讨论。小组的得分是由这组学生里有几个人答对来决定的。若这道题有三个人答对，则该组在此题上得三分。若只有一个人答对，那该组在此题上得一分。这个在线问卷调查是要让每一组学生在下课前汇报他们所批改的另一组同学在各个题目上的得分状况，以便老师进行后续的作业成绩计算。

2. 课中操作

步骤 5：上课时问学生视频有没有看不懂的地方，并回答之。

步骤 6：学生无疑问后，将“视频预习进度汇报”的在线问卷调查链接分享到手机交流群里，要求每组作答。

步骤 7：开始做题。每公布一道题目，就让学生各自写五分钟（或到约有八成学生完成时为止）。期间老师“周游列桌”，见学生观念正确、无须帮助时，即到下一组。若某一组学生观念有误，可给予稍许提示。若见多组学生观念有误，老师可待此题结束后，赶快跟所有学生重新解说。这是传统教学无法做到的。在传统教学中，学生不愿在课堂上面对那么多同学提问，所以老师上课时不知道学生有理解错误之处，加之学生之间互相抄袭作业，老师往往要到考试后才知道学生学习有问题。即便学生没有抄袭作业，等作业上交、批改完成，老师发现有很多人理解错误，最快也要课后两三天才有机会重新跟学生解说大家理解错误之处为何。但如果采用翻转课堂，老师可以通过第一时间观察学生做题，第一时间发现大多数学生理解错误之处在哪里，进而第一时间跟学生解说补救。这是我教书十几年来第一次有机会马上发现学生学习的问题出在哪里。

步骤 8：老师随机抽一名学生上台解说，学生需在三十秒内用投影仪把答案投到屏幕上，并解说给同学听。若答对，他所属的组得一分，答错则不得分（要随机抽人而非抽组，以免学生产生依赖其他组员的侥幸心理，而不认真做题）。作答正确的学生，请他转身面对黑板，老师询问其他学生是否听懂了他的解说。若有半数以上的人举手表示他讲得很清楚，他所属的组再加一分。我在台大开设的简报课，多年来都是由全体学生对台上做简报的同学评分，学生上台后的表现明显因此而愈来愈好。教师在翻转课堂中也可以做同样的操作，以奖励加分的方式，自然而然地提升学生的表达能力。

步骤 9：在学生解说完后，老师针对学生的解法进行讲评，以加深台下同学的印象。同时，务必要让大家知道正确的做法是什么。

步骤 10：老师给台下学生三分钟订正时间，不管刚才有没有做错，都有机会补救。组内做对的同学可以跟没做对的组员解说，让全组的人都做对。按这样的做法，学生就会很积极地想要订正，因为他们的分数还有机会弥补。而在传统教学中，作业都批改完了，学生自然没有动机去订正。另外，有老师会担心这样做是不是会让所有学生的分数都很高。这样的担心大可不必，因为这部分原本就不是用来鉴别学生学习差异的。过去作业在家写，很多学生的答案都是抄的，大家还不是几乎都满分了。现在搬到教室来，虽然大家分数还是很高，但是所有学生都扎扎实实地动手做了题目，也知道自己原先错在哪儿了。这才是学生最大的收获。

步骤 11：订正结束后，每一组将本组三个人的三张解答卡交由下一组学生批改（第一组交给第二组改，第二组交给第三组改……最后一组交给第一组改）。每一组的组长记录所批改的组，下课前作汇报。

步骤 12：公布新的题目，重复操作步骤 7、8、9、10、11，直到下课前三分钟。

步骤 13：将“课堂评分汇报”的在线问卷调查链接分享到手机交流群里，要求各组组长下课前完成“课堂评分汇报”。未完成者或是事后发现批改有误、汇报成绩有错者，事后经学生申诉、老师查证属实，应予以扣分或严厉处罚。

依照上面的“课前准备”与“课中操作”，老师就可以完整实行 BTS 翻转课堂了。这样的操作，老师不用在课堂上声嘶力竭，也不用再辛苦批改作业，更不用担心学生不订正、不知道自己错在哪里。学生学习有问题，老师可以在第一时间发现并及时补救。学生做作业不再作弊，都在教室踏踏实实地做过、订正过，所以学生每周都学得非常扎实。学生不再像传统教学里那样，总是平时抄作业应付，考试前才临时抱佛脚。

“BTS 翻转：准备篇”提到的目标，BTS 翻转课堂统统都达标！

26

BTS 翻转：人文篇

只要老师能够在要求的文本阅读材料之外，再多加一点引导性信息，学生就可以靠自己进行完整的学习。

前面提到的 BTS 翻转课堂，除了数理等科目外，经过一些调整后也可以用在其他科目上。

常常听到老师说："翻转课堂就是在家预习、在学校讨论，这我老早就在做了，所以我老早就在做翻转课堂了！"这样的说法，我在人文领域经常听到。很多人文领域的老师都会在上课前布置阅读作业，开出要学生在上课前阅读的文献材料。上课的时候，再基于这些学生阅读过的材料进行课堂讨论。所以许多老师认为，他们早已经在开展翻转教学了，这样的说法究竟是否正确呢？

这个问题的答案在于翻转课堂的核心是什么。很多人看到翻转课堂，都把焦点放在它跟传统课堂最不同的地方："在家预习，在学校讨论。"然而，光是这样的外在表征还不足以成为翻转课堂的核心。我认为一个成功的翻转课堂，必须完成两大核心要务：一是让学生在家能自主完成有系统的学习；二是让学生的个人学习成效能在学校被有效评量。这两点是翻转课堂的核心，缺一不可。

以前面的内容为例，如果老师在上课前一周开出要学生在上课前阅读的文本材料，是否就能做到“让学生在家能自主完成有系统的学习”呢？当然不能。因为通常学生看着老师开的阅读清单，根本不知道该如何下手。即使读了也是为了读而读，是一种零散式、无方向、纯为应付老师而进行的阅读。

学生进行这种零散式、无方向的阅读，很难从中获得完整的知识，很多关键的问题，如“为什么要读这些东西？”“这几篇文章的重要性在哪里？”“这些文章在相关领域的发展中有何历史意义？”“它们对后世的发展有何影响？”在这个学习过程中几乎不可能被回答。而学生那种半吊子的阅读，也不足以让他们回答这些问题。换言之，“让学生在家能自主完成有系统的学习”的目标就无法达成。

但是，只要老师能够在要求的文本阅读材料之外，再多加一点引导性信息，学生就可以靠自己进行系统的学习。这是我的 BTS 翻转在人文领域所强调的重点。

7 个重点，录制导读视频

那么，要给学生提供什么样的引导性信息呢？我建议要实施翻转课堂的人文老师，在每次布置文本阅读作业之前都录制一份二三十分钟的视频。录制视频的目的，不是为了取代学生在家的文本阅读，而是为了引导学生进行有效率、有深度的文本阅读。因为视频不管再怎么录，都不可能取代文本阅读和知识内化的深度。老师在每次公布文本阅读作业时，一并公布这段导读视频。在视频中先告诉学生：

1. 老师为何选这些文本材料。
2. 这些文本材料有何重要意义。
3. 该以什么方式入手，依何次序来读这些文本材料。
4. 在读这些文本材料的时候，个别要注意的重点。
5. 其他有助于学生整合这些文本材料的信息。
6. 下次在课堂上要抽学生上台发表想法的五个申论题。
7. 鼓励学生从文本中提出好问题并在手机交流群里发问。老师上课前选出好问题在课堂上让大家彼此挑战。

只要老师提供了这样的导读视频，学生在家里的文本阅读就不再是零散式、无方向的阅读。看完这个导读视频，学生就可以按照老师在视频中的指示对材料进行深度阅读。特别是上面提到的第 6 项，在视频中事先告诉学生在课堂上要他们上台发表想法的申论题。题目公布后，学生的阅读就不再是无方向的阅读了。

怎么说呢？我还记得以前大一修习《红楼梦》时，老师让我们每次上课前看五回红楼梦。虽然老师上课时的讨论都很有意思，但是在家的阅读作业真的是要了我的命。因为看那五回，只是为了看而看，根本不知道这五回有哪些重要的地方值得注意。每次的阅读都只是无意识地一直翻页，快睡着的眼睛扫过去，就当作看过了。这样的阅读根本就是应付，收效甚微。

但如果老师事先把下次上课时针对这五回所要讨论的题目跟阅读作业一起公布，学生在读的时候，其阅读“雷达”就会打开。每读一段就会问自己：这段文字跟老师问的那些问题有没有关系？如果有，我该怎么回答老师的问题？当这些问题不断萦绕在学生的头脑中时，学生的阅读就不再是无方向的阅读了，而是很有效率、很有深度的有效阅读。

因此，老师应该打破传统的“先阅读、再发问”模式，采取“先发问、再阅读”模式。这样才能让学生更有动机阅读，这也是为什么老师在做导读视频时，务必预先公布课堂内要讨论的申论题的原因。另外，老师也应该鼓励能力比较强的学生去进行自己的思考，不要被老师对文本的诠释所限制。老师除了公布问题以外，也应该鼓励学生在读文本时提出好问题，让大家在课堂上可以彼此挑战。能够自己思考并问出好问题的学生，在课堂上也会因为问出好问题而很有成就感，进而更愿意自己去思考、去发问，促进自己与文本反复交流。

有的老师因为对视频的制作不是很习惯，会问："导读视频可不可以用讲义替代？"

当然可以！老师也可以把导读视频的内容改成讲义的方式呈现。只要老师能把前述的七个重点详细地在三到五页的讲义中完整呈现，让学生也能据此做到"在家能自主完成有系统的学习"即可。

7 个步骤，有效评量个人学习成效

翻转课堂的另一个要件是"让学生的个人学习成效能在学校被有效评量"。老师在学校的讨论，不能只是随意点人上台谈谈自己的想法，而是必须要有对应的成效评量。如果老师只是点人上台发表想法，讲得好或不好也不算入成绩，那学生会发现有没有事先预习似乎没什么区别。因此，老师务必要对教室内的讨论发表看法，并做完整的评量。最好的做法是仿效前面实战篇提到的模式，由学生分组操作。详细流程如下：

1. 给学生时间对每一题进行小组讨论，交流各自之前在家阅读的想法。

2. 利用在线问卷调查，让每组学生把自己小组的申论题答案输入进去。

3. 老师根据学生上传的申论题答案，选出跟自己想讨论的观点最接近的小组上台发表想法，然后进行深入阐述。

4. 如果时间允许，老师可以随机抽人上台发表想法，并予以讲评。

5. 在网上公布所有小组上传的申论题答案，让学生在当天课后用在线问卷调查进行同侪互评。每位学生批改其他数组学生的申论题答案，成绩占 50%。

6. 老师和助教也对学生的申论题答案进行批改，占学生成绩的 50%。

7. 将得到最高评价的申论题答案公布在网上，并进行特别表扬。

当然，不同的课程可能会需要不同的调整方式，不过只要大致依照上面的方式操作，老师便可以成功做到翻转课堂的另一个要件：让学生的个人学习成效能在学校被有效评量。

再次提醒老师们，如果只给阅读作业不引导、只做课堂讨论不评量，那可不能当作已经在翻转了！老师们只要依照上面的步骤做好导读视频或讲义，再搭配 BTS 的课堂讨论与同侪评分，即使是以文本阅读为重点的人文课程，也可以很成功地完成翻转课堂教学。

不过要注意的是，在大学里更高阶的部分人文课程，其目的本身就是希望学生能够通过文本阅读培养自我发问、自我回答的能力。如果老师教的是这一类训练学生提问的课程，那么事先给学生问题反而会限制学生的思考。

那到底该怎么做比较好呢?

我们可以参考本书第三篇“案例分享 1　修课有如上线打怪”中所提到的 BJT-online，引入让学生出作业题目的模式。之前我们是让学生出作业题目，相互挑战，但这主要用于教完课之后的作业验收阶段。如果我们把这个过程搬到文本阅读阶段，老师不事先给学生问题，而是利用类似 Piazza 这样的网络平台（这是一个可以让每个班级建立一个专属的类似“百度知道”加发问的网站），让学生把自己在文本阅读阶段想到的好问题发表在上面，同时鼓励学生彼此解答，并延伸后续的讨论。学生问的问题以及帮别人解答的答案，大家根据其深度或其他指标，按点赞数量来选出最有深度或最多人觉得是好问题的问题与答案。

这样做可以让好的问题和好的答案被所有学生看到，也可以让更多学生看到彼此不同的观点，学生对文本阅读的思考也更全面。这种一起打笔战的学习过程，可以让学生在思考上产生更多的刺激，也可以让学生更有动机去进行深度的文本阅读。教高阶人文课程的老师，不妨试一试！

27
BTS 翻转：迷思篇

翻转课堂，绝对不是只适合精英学生，而是适用于所有学生；只会让学生更轻松，不会让学生更累；老师更有时间做“人师”，传递重要的价值。

目前外界常有一些对于翻转课堂的迷思。其中有许多是由于老师对翻转课堂的操作不尽正确而产生的迷思。在此，我要针对这些迷思加以澄清，以免对翻转课堂不了解的老师因为这些误解的声音，而对翻转课堂产生错误的认知。我常听到的迷思大概有以下几种：

翻转课堂只适合精英学生

错！翻转课堂近年来在美国之所以受到重视，也是因为有美国老师在底特律贫穷学区内，对学习成绩很差的学生以翻转课堂的方式教学，结果学生的成绩竟然突飞猛进，直追好学区的学生。这引起美国教育界很大震动，大家也因此开始正视翻转课堂的教育成效。在中国台湾，均一教育最早是为了提升偏乡教育质量而先在台东推广翻转课堂教学的，台东县桃源小学的小朋友因为这样学习而开始对数学很感兴趣，学习成绩也进步了很多。

因此，翻转课堂绝对不是只适合精英学生，而是适用于所有学生！

翻转课堂会让学生更累

错！如同前面实战篇所说，许多老师对翻转课堂的认知有误，回家还让学生写作业。这导致学生回家除了原有的作业之外，还要花时间看视频预习，这种只翻一半的错误操作，使得学生很累且对翻转课堂充满负面情绪。请老师们不要再只翻一半了，要翻就要完整地翻！请不要再让学生回家写作业了，回家只要他们看视频就好！学生看视频的时间普遍是上课时间的一半左右，所以一堂四十多分钟的课，视频的时长大约二十分钟。即使一个班同时有三个科目采用翻转教学，如果学生在家都不用写作业，看一个小时的视频也是很轻松的。因此，翻转课堂只会让学生更轻松，不会让学生更累！

翻转课堂会使学生抗拒

亦错、亦对。这主要是学生何时接触翻转课堂教学方式的问题。在大学里，如果老师在学期中才宣布教学上有大的改变，学生往往都会很抗拒。那是因为经过了半个学期，学生早已形成了一套应付这门课程的有效模式。如果老师做大的改变，学生自然会抗拒。因此我做任何教学上的改变，都会从新的一批学生，自学期初开始。

翻转课堂会遭到家长反对

在中小学做翻转课堂的老师，通常都会在一开始就跟家长进行沟通。主要目的是让家长了解这样教可以让孩子学得更好，而且很轻松。有的老师很有心，会搜集翻转教学相关的文章与报道，寄给家长们看。通常多做这种沟通的老师，碰到的家长问题都不大。所以想采用翻转课堂的老师，一定要事先多跟家长交流相关信息，多多沟通。

BTS 翻转课堂的操作，可以让老师和学生都轻松，但又能维持很好的学习效果。这样的学习还能提高学生的学习动机并使学生形成自学能力，这对孩子的未来实在是太重要了。对老师来说，这样的教学可以让自己有更多的时间来做“人师”，给学生传递重要的价值，并提高学生的生命高度。老师的生命也会因此而更有价值。

我真心希望 BTS 翻转课堂的操作方法能帮助更多的老师成功实施翻转课堂！

Part VI
营造动机篇

老师应该在每学期的第一堂课，

就让学生知道这门课为什么要这样设计，

这样设计可以让他们得到什么，

这对他们的未来又有何重要的意义……

老师只有真正用心去点燃学生的学习热情，

这门课才有机会成功！

本篇导读

28

Teach like a coach!

一个好老师，就好像 NBA 球队的教练一样，要能在更衣室内演说得让球员热血沸腾，人人都想上场“拼命”！

之前我应邀在一个游戏式学习（game based learning，GBL）工作坊演讲。我演讲完后，有一位大学生来找我。他告诉我，他们系里有一位老师很用心地将自己设计的游戏融入课程，但系里的学弟学妹们都没有学习兴趣，对课程不是很投入。最后他问我：

“叶老师，是不是不同学校的学生，学习兴趣不同，所以你提出的将游戏融入教学的做法，不同的学校可能就不适用？”

这是我最常听到的问题，也是过去这几年常在外面演讲分享翻转教学的老师们最常听到的。

“那个方法，在台大才有用！”

“他是因为教中山女高，所以才能这样教！”

“她一定都是每年运气好被分到好学生，所以才能这样教！”

……

许多好老师在听到新的教学方法时，首先想的是怎么把它融入自己的教学中。但也有许多老师听到新的教学方法时，总是先找理由说服自己："新方法在自己班上是行不通的。"说服自己之后，他们就可以继续很安心地守旧不变了！这也太贪图省事了!!(How convenient!!)

那位学生问我之后，我思索了一下，要怎样跟他解释，为何我不认同他的结论？如何才能让他听懂？沉吟片刻，我对他说：

"同学，一个好老师不能自以为只要花了时间把教学方法设计得好、设计得有趣，学生自然就会投入学习。

一个好老师，就好像 NBA 球队的教练一样。一个好教练，只懂战术是不够的！更重要的是，他要能在更衣室内演说得让球员热血沸腾，人人都想上场"拼命"！如果一个教练只会设计完美的战术，却无法做到打动球员的心，让他们愿意尽心执行他的战术，那这个教练仍然是一个失职的教练。

因此，老师不能只是因为自己用心设计了教学方法就满足了。虽然这样已经比那些永远不变的老师好多了，但这还不够！除了要把教学方法设计好以外，老师还要像球队教练一样，在学期初就要激起学生的雄心壮志，让他们愿意在接下来的学习中用心努力。

所以，老师应该在每学期的第一堂课，就让学生知道这门课为什么要这样设计，这样设计可以让他们得到什么，这对他们的未来又有何重要的意义。老师只有真正用心去点燃学生的学习热情，这门课才有机会成功。

若老师只满足于自己教学方法的设计而没有点燃学生的学习热情，在看到学生不愿意投入或配合时，总归因于学生兴趣不足、一切都是他们的错，那就太可惜了……”

如果没有办法激起学生的学习动机，只是用逼的、用凶的方式，学生是不可能对学习产生热情的。要让学生有学习动机，老师必须用心去经营自己的教学。在传统教学中，老师一声令下，学生就会乖乖地上课，这种教学方式现在行不通了。因为学生一直在变，每个时代的学生的思维方式都不一样，所以每个时代的老师都必须找到自己能真正驱动学生的方法。这也是我们老师一辈子最重要的功课！

只要老师用心了解学生，赢得学生的尊敬，阐明所学之用，同学之间互评互助，学生就会更有动机学习。这要怎样才能做到呢？详见后续分析。

29

你真的了解你的学生吗？

当老师把学生当过客时，学生把你当过客

敷衍你的课，也只是刚好而已。

你了解你的学生吗？

闭上眼睛，你刚刚教的那个班的学生，你记得起多少人的面孔？

在这些面孔中，你又记住了多少位的名字？

叫得出名字的那几位，除了课业表现外，你还知道他们什么？

还是你连他们的课业表现都不记得呢？

……

自从在台大教书以后，我每年都会参加系里学生的毕业典礼。我觉得既然教过大家，在毕业的时候，我就应该好好送他们一程。因此每年不管多忙，我都会参加系里的毕业典礼。在台大教书九年，我没有一次缺席。

还记得2010年的毕业典礼，我坐在台上看着台下两百多位电机系大学部的毕业生一个接一个地上台接受拨穗。随着仪式的进行，我的思绪渐渐飘开。看着一张张志气昂扬、即将离开校园的面孔，一个问题突然在我的脑海中浮现：

我真的了解他们吗？

在台下这些面孔当中，我只记得那几张上课时经常问我问题的面孔，那几张修我的课修得很好的面孔，那几张修我的课修得比较吃力的面孔。除了课业之外，我似乎对他们一无所知！在台下这两百多人当中：

他们这届最会办活动的是谁？

他们这届最会社交的是谁？

他们这届最会做简报的是谁？

他们这届最会讲话的是谁？

他们这届最会写文章的是谁？

他们这届最会打篮球的是谁？

他们这届最会画图创作的是谁？

他们这届最会玩音乐的是谁？

他们这届最会领导大家的是谁？

他们这届最幽默的是谁？

他们这届最有人缘的是谁？

……

我发现除了他们上课的表现和成绩好坏之外，我完全回答不出这些问题！自从我到台大电机系教书开始，系里每年都会找我帮忙给高中生演讲，鼓励他们来念电机系。结果这些高中生考上台大电机系之后，过了四年都要毕业了，我居然回答不出这些问题。我每年都参加毕业典礼，自我感觉良好，以为自己多有心，结果到头来，四年当中对这些学生除了课业外，完全不了解。此时，我心底幽幽传来一个声音：

“有心？到头来，你也不过是把学生当过客罢了！”

不当过客，绝非路过

这种感觉好像是在戏院外吆喝陌生的观众进场，在冗长的戏中等着自己上台奋力演出的一刹那。谢幕时，台上演出的对台下看戏的挥手告别。台下的人或许依稀记得台上光辉亮丽的一面。台上的人可曾记得台下的任何一张面孔？曲终，灯亮，人散，又是去外面吆喝另一群生面孔来看戏的时候了。当老师把学生当过客时，学生把你当过客敷衍你的课，也只是刚好而已。想到这里，我在毕业典礼台上猛地冒出了一身冷汗，心底传来另一个声音：

“你不该把学生当成看戏的观众！你应该是雕塑他们，让他们成长改变的老师才对!”

于是，从那年毕业典礼的第二天起，我开始从脸书上、从舞台上、从球场上、从活动中，努力地去接触、认识、了解我的学生。作为老师，我觉得我们不该像工厂那样只管把材料灌入铸模，压出一个个形状相同的产品就行了。我们应该像一个雕塑师傅一样，先观察了解自己手上的这块材料是什么形状、什么质地，然后利用材料本身的特色去雕塑出完美的成品，就如同雕塑师傅利用玉石原有的纹路将其雕刻成翠玉白菜一样。

在认识学生的过程中，我每每惊讶于之前学生从未被我看到过的那一面。那个在班里乖乖上课且很温顺的学生，登上系里演唱会舞台后竟然是一个声音超级高亢、台下众多外系粉丝为之疯狂的摇滚歌手！那个上课常常打瞌睡的学生，在球场上竟然是那么火爆的拼命三郎！那些很用功的女孩，在电机之夜的舞台上个个都变身成活力四射的舞者！那个斯文有形的博士生，居然是音乐电玩比赛第三名的获得者……

经常有老师跟我说：“当老师的，不需要跟学生交朋友，不需要讨好学生!”

其实，这不是讨好学生。每个人都有属于自己的亮点，也都喜欢自己的亮点被发现、被看到。如果一个老师看到的永远是学生课业上的种种不足之处，每次讲的都是学生的学习哪里不好、哪里要改进，那么学生感受到的永远都是挫折。这样很难激起学生跟这个老师学习的动机。

发现学生的亮点有多重要？很重要！孔子是我们最好的典范。他老人家平常连颜回只吃一碗饭、喝一瓢水这样的“情报”都有所掌握。以我们对颜回的认识，颜回应该不会是到处去跟老师、同学炫耀自己节食多厉害、多了不起的那种人。这应该是孔老先生平常关注学生、通过跟学生聊天所得的“情报”。得到这种珍贵的“情报”后，孔老先生会找机会看似不经意地讲给其他弟子听。而且孔子最厉害的是，间接夸奖人后再通过耳语传到颜回耳中。

发现亮点，关怀哀伤

如果你是颜回，你听到了怎能不感动？平常我在老师身边只是一个内向文静的阿宅，每次想到的答案都会被宰予、子路抢去讲。没想到老师会这么关心我！连我课外的事情都知道，还跟同学们夸奖我。士为知己者死，碰到这么欣赏我的老师，我怎能不用心向学！老师，你叫我写再无趣的作业，我都会尽力完成！老师，就算同学吃饭时故意点了麻婆豆腐，我也会坚持只吃一碗饭、只喝一杯水！

当老师的，又何尝不是这样。有时候主管指派我们去完成一些很无趣的任务，我们心中也会咒骂不已。但当主管最后又加了一句："你今天穿的靴子真漂亮！真有品位！"结果就很可能不一样了。

除了亮点之外，我们还发现很多学生在坚强的外表下，其实有很多需要帮助的地方。我曾经在脸书上看到一位女生在期末考试时因失去亲人而很悲伤，于是我把这个情况告诉了她的导师，隔天我看到那位女生写道："导师的关心，让我觉得这个世界很温暖。"曾经看到对电玩上瘾想戒而戒不掉的学生，我们大家一起监督他戒掉电玩；曾有学生因为想念的研究方向跟家长的想法不同而很痛苦，于是我跟他的家长打了一个多小时电话，让他得以顺利追寻自己的梦想……

种种例子让我发现，除了课业之外，学生其实还有很多需要老师帮助的地方。如果我们不去了解，谁能了解？如果我们不帮他们，谁来帮他们？难道我们会告诉自己"学校职员会负责"，我们晚上就能安心入眠了？老师也是凡人，当然没办法帮所有学生的忙。但即使没办法帮忙，至少可以对学生多一份体谅和关怀。想想看，当学生的家里发生变故时，如果老师毫不知情，只是一直指责他上课不专心听、题目都答不出来，那么在学生的心中，这样的老师大概会是阿修罗①形象吧！如果在学生心中都是阿修罗形象，这样的老师又如何能让学生用心向学？

当你愿意跟学生分享自己的经验时，你在学生的心中将不再是一个念着艰涩术语的“机器人”，而是一个有血有肉的人。同样，当老师愿意去认识自己学生课外的一面时，学生在老师的心中将不再只是一个个毫无反应、面无表情的“机器人”，而是一个个有血有肉的人。我们当老师的，有谁愿意对“机器人”付出真心呢？只有当你认识了你的学生、看到他们有血有肉的一面时，你才会愿意付出真心，也才有机会得到学生真心的回馈。

我怨诸生皆如石，料诸生怨我亦如是。

我见诸生皆似人，料诸生见我亦如是。

我待诸生皆真心，料诸生待我亦如是。

闭上眼，想想你刚刚教的那个班的学生，你还记得多少面孔？记得多少名字？知道多少他们课堂外的面貌？

Do you really know your students?

---

① 阿修罗原是印度远古诸神之一，被视为恶神，属于凶猛好斗的鬼神。

30

你赢得学生尊敬了吗?

一个老师的教学杰出，很多时候不只是因为教学技巧或方法，也包含了他对学生的关怀、指引以及人生经验的分享。

我去各大学为老师们作与教学相关的演讲时，常听到他们问类似的问题:“我的学生就是不想学，怎么办?”

自从大学扩招后，学生很容易就能上大学。很多人都把现在大学生无心向学的问题归因于上大学很容易，所以无心向学的人也进了大学，以致学习风气不好。

但事实真的是这样吗?

大学生无心向学，这当中有制度层面的因素，也有教学层面的因素。制度层面的因素主要是学生要修的课太多，学分压力太大，以致教学无法科科都很深入、扎实。这个问题牵扯甚广，以后再来探讨。

学生无心向学的另一个因素，我认为是来自教学方面的。关键就在于师生的关系太过疏离了。在小学的时候，老师跟学生经常在一起，所以关系非常密切。在大学里，很多学生都只被老师教过一学期，而且大多一星期才见一次面。你说，这样的师生关系能有多密切？

除了师生关系疏离之外，更重要的是，部分大学生对老师不尊敬。在小学，老师只要突然一瞪眼，小朋友就不敢造次了（这是我个人对小学的遐想……）。但在大学，管你虎眼凤眼，你讲你的课，他上他的网。为什么？因为大学生对你根本没有敬意！

大学教授听了都心有戚戚：“对啊，现在的学生都不尊敬老师，看到我都不打招呼，很没礼貌！”

等等……这不是我的意思啊！是谁说学生见到老师就一定要打招呼的？就因为你的职称是教授，他是学生，他就应该毕恭毕敬地跟你打招呼吗？即使他真的基于你的身份而跟你打招呼，那又有什么意义？

重点是，你到底有没有真正赢得学生的尊敬。尊敬不是靠头衔得来的，是要靠自己去赢得的。作为一名教师，如果没能赢得学生对你的尊敬，只想着我是师、你是生，所以你理当如何如何，那这样的师生关系必然是个“悲剧”。

关键不在教学技巧

在前年的台大优良导师颁奖典礼上，我赫然发现在得奖的几位老师中，有好几位也是台大之前教学杰出奖和教学优良奖的得主。这代表什么？一个老师的教学杰出，很多时候不只是因为教学技巧或方法，也包含了他对学生的关怀、指引以及人生经验的分享。这些使得学生愿意尊敬老师，愿意跟随老师在专业知识的学习上努力。

老师一旦赢得学生的尊敬，你出再枯燥、再无趣的作业，学生也会用心去做。因为他心里想着："这是叶老师布置的作业，老师要我们做这样的题目一定有他的用心。我不能辜负叶老师的用心！"学生尊敬你的时候，如果他没有达到你对他的期望，他会觉得内疚或对不起老师。于是，他就会很认真地跟随你的指示，用心向学！

反观没有得到学生尊敬的老师，即使在教学上很用心准备各式各样的教材，精心设计很有教育意义的作业，学生也根本无心去做。再怎么精心设计的东西，学生都会觉得好累、好烦，只觉得老师在刁难他们。老师好辛苦、好心酸，久而久之，心就疲了，力也尽了。于是，心如枯井，波澜不生，对教学也不再有热情了……

明明都是对教学很有热情的老师，有没有得到学生的尊敬，竟会导致截然不同的结果！那我们怎么才能赢得学生的尊敬呢？其实，答案我们很早就知道了。

我还记得自己刚回台大教书的时候，一位老教师曾在一次会议上对我们说："你们大家都以为人家称呼我们'教授'比称呼我们'高级老师'更好！大错特错！师者，传道授业解惑也。在大学课堂上，很多老师都只教专业知识，不跟学生讲做人做事做学问的道理。学生有问题也不想来问老师。到头来，作为老师的三个要件，在大学里只做到一个：授业。所以很多人不够资格被称为'老师'，只能叫作'教授'！"

关键是教学生做人做事做学问的道理

是的，答案其实很简单，要赢得学生的尊敬，就是要当一个真正的老师！当一个会教学生做人做事做学问的道理，让学生碰到焦虑、疑惑的时候愿意信任你、向你求助、请你解惑的老师。不要再想"教做人做事的道理是中学思政老师的责任"，不要再想"二十岁，已经是大人了，不需要我们教这些"。你看看颜回、子路、子由他们年纪多大了，还不是天天乖乖地立正站好，听孔子教他们做人做事做学问的道理。只要是学生，就需要我们教！如果老师不教学生做人做事做学问的道理，每天只教他们傅立叶变换、维特比算法、概率质量函数这些专业知识，怎么会有学生因此而对老师尊敬?

如果我们真的有心要做，该怎么做呢?就我辅导学生多年的经验来看，很多学生在大三、大四的时候相当焦虑与彷徨。主要是因为他们从小学到大一、大二的必修课，一直以来都是被人决定、任人摆布的。到大三、大四开始上选修课的时候，他们才开始做抉择。这些抉择跟以后要考什么专业的研究生、做什么工作都有关系，所以他们必须思考毕业之后的职业生涯与人生。这些孩子过去二十年来几乎从未做过任何重大抉择，现在突然要他们去思考、决定自己未来的职业生涯与人生，压力真的很大。

所以大三、大四的学生对自己未来的人生道路常有高度的焦虑与困惑。他们很需要长辈们分享自己的经验供他们参考。身为老师，其实也不用多，只要每周上课时用 5~10 分钟跟学生分享一下你过去的人生经验，学生就会心存感激。你可以跟他们分享当初你选研究所时的焦虑，你如何做人生的种种抉择，现在回头看看当初自己的抉择你是懊悔还是庆幸，如果重来一次你会做怎样的抉择……

你分享的种种人生经验，对这些“幼苗”而言，都是很好的养分！于是，你在学生心中不再是那个只会教“概率质量函数”等专业知识的“机器人”。当你愿意把你青涩、焦虑的过往与他们分享时，他们会觉得你是一个有血有肉的人，他们会感激你的分享，自然也会发自内心地尊敬你。这时候你在教学上的种种用心与付出，他们才会真正看在眼里，也才会真正用心去体会。

一旦学生尊敬你，你让他们去证明十个傅立叶变换的公式也不成问题！

31

老师！念这个有什么用？

作为老师，我很擅长在专业之外去思考更多

我所教的课程对学生还可以有什么其他的意义。

曾经有一位大二学生约我喝咖啡聊天。这位同学相当聪明优秀。在台大读了一年半之后，对于学习有些想法，也有些疑问，所以找我聊。其间，他问我系里安排的这些课以后到底有什么用？有些课好像修了以后也不一定能用得到。如果是这样，那何必要他们花时间修这些课？

是啊，这似乎是很多学生在修课、念书时会产生的疑问："我念这个到底有什么用？"特别是在期末考试前熬夜念不完时，这种想法便会不停地在脑海中反复出现，仿佛是电音歌曲的旋律，久久挥之不去。

修这门课有什么用，确实是很重要的问题。我的教学启蒙老师耶哥教授演讲时曾对大家耳提面命："老师最重要的工作就是要让学生知道修这门课有什么用。学生知道之后，才会有动机学习。"

所以让学生知道修这门课有什么用，是老师的义务。不过，这样的问题每个人都会有很主观的看法。因此，我的看法并不见得是唯一的选择，特别是老师属于专业人士，有时候看法会比较偏重在专业面而不够全面。作为老师，我很擅长在专业之外多去思考更多我所教的课程对学生还可以有什么其他的意义。

乍听起来，好像摸不着头绪，对吧？下面我给大家举一个例子。“计算机程序”是许多电机系的必修或选修课程。修“计算机程序”到底有什么用呢？“学了之后就会写程序了”“会写C/C++程序以后才能修下一门×××课”“学会了之后在业界比较好找工作”……这些答案对不对？都对。但学写程序的用处就仅仅是这些吗？

写过程序的人都知道，写程序最痛苦的就是要抓“虫”。所谓的“虫”，指的就是自己写的程序代码中的错误。只要有“虫”没抓完，程序就无法正常运行。可是我们写的程序往往有成千甚至上万行程序代码。一旦程序无法运行，要如何知道“虫儿们”到底躲在哪些地方呢？特别是程序写得不好的人，程序代码往往都是写成一大坨，main（）函数①总是写得特别庞大。一旦程序出错，很难抓到“虫”。我常笑称这是：“只在此坨中，坨

① 所有Objective-C的可执行程序必定有main（）函数，main表示“主函数”，每一个C程序都必须有一个main函数。

深不知处。”

赋予意义，抓虫如抓包

程序课程最重要的训练，就是要大家学会抓“虫”的功夫。为了抓“虫”，写程序不能写成一大坨，而是要学着把程序的功能切割成一个个独立的小模块，分别写出程序代码。最后再把所有小模块串起来完成程序。由于这些独立的小模块的功能都不是很复杂，程序代码的行数也不是那么多，所以每个小模块运作正常与否，可以很容易测试出来。相较于一大坨程序代码来说，要抓“虫”就容易多了。举例来说，如果有几只蚂蚁跑到一个饼干盒中，要找到所有的蚂蚁会很困难。但如果饼干盒当初是被分割成一小格一小格的，那我们就可以分别检查每一格，要抓到所有的蚂蚁就没那么困难了。

讲到这里，修过编程课的人可能都觉得我在说废话，这些大家早就知道了。不过，大家可不要忽略了在编程课上训练出来的“抓虫心法”。这种心法可不是只对写程序代码或设计电路才有用，而是到处都有用！举例来说，如果你以后在职场上当了某个团队的主管，这个团队每次执行项目都会失败，可是总是找不到症结出在哪个人身上。当一个工作有十个人一起合作时，谁摆烂导致工作失败，很难看得出来。但是如果把工作切割成小块，分别让不同的人操作。这时候谁摆烂，只要看各小块的工作成果便一目了然。你说这种“抓虫心法”管不管用呢？

所谓的“抓虫心法”，其实就是训练你在出状况的时候，可以快速找出所有出错点的能力。这样的功夫在你的未来，不管是管人、管事、管物，都非常有用。可是很多人并没有这样的体悟，只把编程课定位成纯粹的专业课程，实在很可惜。

你看，光是一个程序课程，在专业之外居然还可以有这么多作用。当我跟学生这样分享后，学生想学好写程序的动力就更强了！

我再举一个例子。我在台大开设简报课程时一直强调一种精神：“要了解你的观众，再从观众的角度出发去审视你的简报。”这种精神只对做简报有用吗？当然不是。这样的精神在写文章、写论文，甚至开发产品时都是很有用的。

培养洞察力，体悟所学

以开发产品为例，开发者一定要先做市场调查，了解消费者，接着再从使用者的角度出发去审视自己开发的产品的功能。唯有这样，才有可能做出消费者觉得很棒的产品。这样的精神跟我的简报课要传达的精神是不是很相似呢？

当我们告诉学生，学好简报课对他们还有其他作用时，他们会不会更想用心学好做简报呢？

所以我认为一个好老师很重要的是，他有没有能力去探究课程本身在专业的表象之外，还有没有其他的意义存在，还有没有其他可以被应用的地方。更厉害的老师是，除了自己有这样的能力之外，他还会培养他的学生有同样的洞察力，让他的学生除了听老师的说法外，也能发掘自己在学习的过程中究竟体悟到什么，并深入思考这些学到的东西对他们的未来有何意义。

不管是老师还是学生，当我们在面对一门课程的时候，都应该多花点心思去思考这门课程究竟对我们的未来有什么用。老师的答案或许会局限在专业的思考之中，但是学生要试着让自己的思考更全面、更有突破性。不要只关注修课所学到的“知识”有什么用，还应该多花点时间思考在修课的过程中可以学到什么样的“心法”，以及这个“心法”对自己未来的人生有什么用。

一旦你能找到属于自己的答案，恭喜你，你也晋升至高手之列了！营造学习动机，对你来说将易如反掌！

32

现在的学生根本不想学！

老师最重要的工作，不是讲课，

而是激起学生的学习动机。

近年来，我被邀请演讲的题目最多的是："如何让学生有热情和动机学习？"

在演讲时，我通常讲述的是我这几年所研创的"for the student，by the student，of the student"的教学新思维与新方法。很多老师听完我的演讲后写信跟我说很受启发。

但我也经常碰到其他学校的老师无奈地说："叶老师，我的学生跟你的不一样，他们从一开始就不想学。""我很努力教，可是一大半的人根本不想听课。""很多人根本不来上课，只等着老师让他过关。"

我心里常想，真的是这样吗？难道真的没办法让这些学生乐于学习吗？我不相信。我认为，如果老师一开始就认为自己的学生不想学，学生怎么可能会想学呢？

但这些心里话我说不出口。因为我没有教过其他学校的学生，说什么都没有说服力。甚至有人曾在网络上攻击我，说我因为在台大教书，所以不知其他学校老师的疾苦。但是我接下来要跟大家分享的真实故事，让我更加笃定我的想法是对的！当老师的，最重要的工作不是教，而是让学生有动机学习。

有一位我教过的学生，博士毕业后在某私立大学夜间部教书。她是一位很热情的新手教师，她以自己从私立大学毕业的经历，很用心地鼓励学生努力学习。她告诉学生，只要大家认真，以后也有机会跟她一样闯出一片天。

虽然她很热情、很用心，但是由于学生的学习状况不好，很多学生都对她爱理不理的。有一天她终于很失望地教训了学生一顿。我无意中得知这件事，于是就关心了一下她的状况。原来这门课是与程序相关的。我认为学生不想学的原因，就是因为没有动机。虽然她也以自身经历鼓励学生，但并不是每一位学生都想念博士。我认为这样的鼓励不足以激起学生的学习动机。

联结未来，引爆动机

该怎么做呢？如果你是老师，你觉得该如何激发这些学生的学习动机呢？

我告诉她，要让学生确切感受到这门课真的对他们的未来有用，他们才会真正地用心学习。于是，我建议她先在课堂上跟学生讨论他们在三十岁时的生活开支大概是多少，并帮他们一样一样地算：

手机要不要上网？当然要上网！一个月 300 多元……

要不要看电影？当然要！一个月要看四次！一个月 600 多元……

要住市区还是郊区？当然要住市区！

要住雅房还是套房？当然要住市区套房！有自己的卫浴才方便！一个月 3000 多元……

这样林林总总算下来，一个月要花好几千。接下来让学生上网查一个刚毕业没有程序专长的人一个月的薪水大概是多少。结果发现跟刚才算的差距很大。这时候可以把生活水平降级：

手机上网？可能不行了！

看电影？可能只能四个月看一次！

住哪里？可能只能住郊区！

套房、雅房？可能只能住雅房，跟别人一起分享卫浴！

然后告诉学生，这就是你所能负担的生活。这样的生活是你要的吗？如果不想要这样的生活，那多加一条程序设计专长，结果发现薪水多了两千多。手机现在可以上网了！虽然没办法住市区，但是可以住套房了！一个月可以看两次电影了！再问问，这样的生活你们能接受吗？

最后问学生是想未来二十年都像前面说的那么悲惨，还是想好好学这个程序专长，让自己未来过得好一些。

听了我的话，她上网找了很多有关求职的信息，以及大公司的人才需求，还整理了四个最受欢迎的工程师工作（都是需要会写程序的），并一一列出薪水，用 PPT 详尽地展示给学生看。她很用心地跟学生说明，为什么好好学习这门课对他们的未来很重要。结果非常成功！她很高兴地跟我说这个事情，我也非常为她高兴。

这让我更加确信，老师最重要的工作，不是讲课，而是激起学生的学习动机。如果没有做到这一点，就算课讲得再好、再多，那也是对牛弹琴，浪费老师也浪费学生的生命。

建立动机，值得耗时费力

以我的简报课为例，我每学期都会花一周时间告诉学生这门课对他们未来有什么用，有什么帮助，不懂这个以后会多吃亏。学生听过之后，才会比较有动机学习。对于一些莫名其妙地让学生用三周时间画 PPT 动画的作业，我会跟学生充分沟通，告诉他们这些作业对他们未来有什么帮助。不然谁会花那么多时间去做这种看似莫名其妙的作业。

激起学生的学习动机，真的再重要不过了！就算多花一两周时间也值得！只要激起了学生的学习动机，学生的学习效果自然就会好起来。

有的老师说："我有试着建立动机啊！可是没用！"我问他是怎么建立的。他说："我跟学生说过学好×××很重要，以后很有用！"

这样的说法是无法激起学生的学习动机的。只跟学生说这很重要、以后很有用，这只是让学生觉得老师在倚老卖老，一点说服力都没有。你要拿实际客观的数据（如薪酬资讯、自己预想的生活开支等）去跟学生讨论，才有说服力。

但要注意的是，前面这个班级是私校、职校的编程课，所以我才建议老师用工作、薪酬来鼓励学生。面对不同领域、不同学制、不同类型的学生，老师就要以不同的要求来激起学生的学习动机。追求知识的真、创作的美，对不少学生也是有用的动机。比如，告诉学生学会这个以后就可以有能力去读懂哪些更高深的知识；或是学会这个技法就可以开创出哪些新的艺术表现形式。针对不同类型的学生，教师应该用不同的方式鼓励他们学习。

我真心希望老师们不要再以自己很用心教但学生无心学的经验，就直接下结论说自己的学生就是不想学。其实我们可以反思一下，到底花了多少精力在激发学生的学习动机上。如果我们当老师的心中已经预设了学生就是不想学，那学生怎么可能会好好学呢!

通过这次交流，我以后会更有自信地回答这些老师：

“你的学生没有什么不同。只要我们能努力激起他们的学习动机，你就可以让他们学得很好！老师，加油!”

Part VII
教师发展篇

教师发展工作最重要的，就是把感动带给老师，

让他们能为从事这个工作而感到光荣、骄傲、快乐，

从而发自内心地想当一名好老师，

而不是“被迫”做出被要求的好老师表象。

本篇导读

33

教师发展工作的秘诀

教师发展工作的秘诀，在于建立重视教学的文化，

让老师发自内心地想当一名好老师！

十几年前，台大成立教学发展中心，并投入许多资源，目的就是要把台大的教学水平提升为世界一流。在教学发展中心成立的前几年，台大教务长与教学发展中心的主管们遍访教学发展工作领先的世界名校，去取经。这些名校的制度、文化固然有其可取之处，然而这些西方世界的名校制度与华人世界的校园文化和教育理念仍有相当大的差异，因此无法直接套用。教学发展中心花了很大的心血，构建了一整套适合华人文化的教师发展工作模式。台大的整体教学质量较教学发展中心成立之前有很大的提升，曾在泰晤士报教学项目的评比中进入世界前六十名，在亚洲地区的一流大学里名列前茅。也因为台大构建了这套适合华人文化的教师发展工作模式，在过去几年里，大陆各地名校常来台大交流取经。台大也希望能够帮助更多的兄弟学校，使教师发展工作更加精进。

台大教师发展工作的秘诀究竟是什么呢？我想先从我自己跟台大教学发展中心的渊源讲起。我从 2010 年起在台大教学发展中心担任副主任，2016 年离职，一共工作了六年。如果当初没有到教学发展中心负责行政工作，我的人生不会打开一扇又一扇窗，也不会有机会认识更多的合作伙伴、发生更多的改变。在台大教学发展中心的工作经历深刻地改变了我的人生。

在升为副教授之前，我只是一个努力备课，对研究进度充满焦虑的年轻助理教授。那时候，我对教学发展中心并不是那么熟悉，只知道这是一个帮助台大老师和助教提升教学水平的单位，他们常会举办与教学有关的演讲。除此之外，我对它并不是很了解。

自从 2005 年加入台大后，我对教学创新一直很有兴趣，也做了不少尝试。比如，2005 年我首次尝试将业界项目管理的方法重新设计成适合学生的版本，并将其移植到学校的实操性课程中；又如，经过三年的研发，我在 2010 年终于推出了发展学生简报制作与表达能力的全新课程。在做这些教学创新的过程中，我常看到教学发展中心举办很有意思的教学演讲，便经常报名参加。

在教学发展中心举办的演讲中，我每次都能学到很棒的新教学方法。比如，我在一位教授的演讲中学到了如何在教学中利用社交网络，让学生与课程有更紧密的联系。听了演讲后的那个学期，我便把这种方法引入我的“简报制作与表达”课程，取得了很棒的效果！又如，我从郭老师的演讲中，听到他让学生固定座位、让学生写自传等方法，以增加老师对学生的熟悉度。随后，我就把这些方法用在“概率与统计”课程教学中。另外，我还在李老师的演讲中听到他如何在编程课中开展翻转教学，这让我惊诧不已。从那之后，我便开始研发设计适合一般课程的“BTS 翻转教学法”，并将其用于我的“概率与统计”课程教学中。

在我的教学生涯中，教学发展中心所办的演讲对我的影响真的很大。我每次都能从这些演讲中看到以前没想过的教学方法。我将这些教学方法引入自己的课程后，做了很多教学创新。每次看到自己的教学能因此而有更高层次的新突破，看到学生们能切实地取得更好的学习效果，我的内心总是止不住地激动。慢慢地，我对教学发展中心的印象越来越深刻。那时我觉得台大真难得，居然会有一群如此热血地帮助老师提高教学能力的同仁们。

在参加了几次演讲后，我也被邀请担任演讲者。我记得第一次就是被邀请分享怎么将项目管理的方法引入课程中，让学生能快快乐乐地做好专题。当时担任教学发展中心副主任、教师发展组组长的陈毓文老师，在我演讲结束后陪着我边走边聊。在聊的过程中，她快言快语，突然单刀直入地问我："叶老师，你有没有兴趣来教学发展中心服务?"她希望我能考虑接替她的工作。

说真的，我那时候完全没有心理准备。她这么一问，我还真不知道怎么回答。在台大，每位老师的研究压力都很大。在还没有升到顶之前，去系外单位担任行政工作，一直是年轻老师不敢轻易尝试的。长辈们常建议年轻老师评上职称之后，再去做行政工作。所以年轻老师心里很焦虑的是：行政工作会不会挤占自己的研究时间?研究的产出会不会受影响?教学工作会不会受影响?

虽然心中有很多焦虑，但我又觉得帮台大的老师和助教们提升教学水平，是一项非常重要的使命。一流学府如果只重视研究而不重视教学，这对整个社会而言，会产生很大的负面影响。因此，这项工作必须有人来做。过去教学发展中心的前辈们做了，我觉得我没有说"不"的权利!

于是我跟陈毓文老师说，我愿意接下教师发展组的工作。后来曾在某个场合，陈毓文老师跟我说，其实当时她也没料到我会真的接受邀约，因为她知道电机领域的研究压力很大。我接下这项工作，着实让她感到很意外。但我对于有机会参与教学发展中心的工作，既兴奋又紧张。因为这是我第一次接手行政工作，对于怎么做好一个主管，我实在没有把握。

但接手后，我发现自己何其有幸，能跟一群非常优秀的组员一起工作。在我接手组长的工作一个月后，便是台大教学发展中心每年的重头戏：在溪头举办为期三天的“台大新进教师研习营”。这也是我第一次参加在溪头举办的新师营。在那三天里，我被教学发展中心深深地震撼了。在整个活动中，教学发展中心对于新进教师的照顾无微不至，对于活动的进行追求一切完美。在三天的活动中，不但让新进教师们得到满满的感动，也让大家对于未来的教学生涯有了更高的眼界。老师们对活动的满意度平均分数竟然达到4.8分（满分5分）！

这样的行政团队，我在台大从来没有见过。我从中得到很多启发。我观察到，当一个组织建立了好的文化时，之后进来的人也会被这种文化感染。当时担任教学发展中心主任的庄荣辉老师，从中心草创开始，一手建立了台大教学发展中心，凡事追求完美，永远尽心帮助教师提升能力。在这样的文化氛围中做事，是辛苦的，但也是很有成就感的。因为在教学发展中心里的人，都是真的想把事情做好的人！人生第一次当行政主管，就能够跟这样的同仁共事，我真的很有福。

没接手教学发展中心的工作之前，我的日常生活就是在办公室备课，跟学生见面，中午跟同事去学校附近吃午餐，回来后再继续备课、上课、研究。这样的日子过得很单纯，但却是一成不变。自从接手教学发展中心教师发展组的工作后，我开始接触校内校外不同领域的老师。这让我眼界大开！原来台湾有这么多优秀的老师！通过跟他们的业务交流，我得到很多启发，让自己变成了一个不再是只有工程思维的人。

除了认识许多优秀的老师和登上教学演讲的舞台以外，最让我开心的莫过于在教师发展组的工作中可以做很多制度的创新。在我的任期内，我们做了好几样创新。其中最让我觉得感动的是“台大教师感恩周”活动。其实我在教师发展组任内所创办的几个活动的宗旨都是一样的。我希望能把“感动”带给老师，让老师对教学工作投入更大的热情。我非常感谢当时前后任的教学发展中心主任，他们完全支持我的理念，让我们有空间去催生这样有意义的活动。这让我真的超有成就感！

回想那段在台大教学发展中心的日子，我深深地认识到教师发展工作的关键。在第一届海峡两岸暨香港、澳门教学发展年会上，我在自己的专题演说中跟大陆高校教学发展中心的主管们分享了教师发展工作的秘诀：我一直认为，要做好教师这个工作，是需要用“心”来带孩子的。如果不能真正改变老师的内心，让他们对这个工作引以为荣、为傲、为乐，我们如何能指望老师们会真正好好用心教我们的孩子呢？所以教师发展工作最重要的，就是把感动带给老师，让他们能为从事这个工作感到光荣、骄傲、快乐，从而发自内心地想当一名好老师，而不是“被迫”做出被要求的好老师表象。

更重要的是，学校必须建立起文化，让老师从踏进校门成为学校的一分子开始，便会自发地想把书教好，而且不会因为研究或其他工作而打折扣。这样的文化非常不容易建立。尤其是在当前这个讲求速成的年代，教师发展工作常常会以强迫的方式去要求老师，而非以感动的方式让老师自发地想做改变。在这种情况下要形成老师为教学自动自发的文化，会很困难。

台大当初成立教学发展中心时，便决定要用十年的时间来建立老师愿意自发地在教学上努力的校园文化。十年看似很久，但其实若能以十年时间扎实地改变一个学校的教学，已经非常快了。台大教师发展工作究竟是如何用十年完成这项使命的？而这当中成功的秘诀到底是什么？

我认为教师发展工作成功的秘诀有三个：从心开始！从新出发！由下而上！

34

秘诀一：从心开始！

要让老师愿意教得好，要从心开始。唯有老师真心从教学中得到感动，以自己的工作为荣、为傲、为乐，他才会真正成为一名好老师！

老师在学校有各式各样的工作，有教学、有行政，甚至在大学还有研究工作、产学合作等。当老师要面对这么多的责任时，他们是否愿意在教学工作上投入更多精力做改变呢？坦白说，真的是要老师自己的内心愿意才有可能。由上而下的强制性要求，顶多只会让老师从形式上在教学方面做出改变以应付上级的规定，但无法让老师真心地为学生在教学的实质层面上努力突破。因此教师发展工作最重要的，就在于是否能做到让老师们的心被感动。

怎么样才能做到让老师们的心被感动呢？我觉得关键在于“从心开始”。

在一次由我主持的教学工作坊讨论中，有一位台大老师诉说自己为课程做了许多努力，花了很多精力，可是最后并没有感受到学生的肯定，甚至还有学生因为分数的事情而伤了他的心。从他激动的表情中，我看出他真的是一位很用心的老师。当时我感同身受，充分理解那位老师内心的无奈和无助感。演讲结束后，我急忙去找那位老师，跟他聊一聊，也希望帮他打打气。

在我跟他讲话的时候，有一位女学生走过来，一直在我们旁边静静地听我们讲话，直到我们的讲话告一段落。这时候，女生跟那位老师说："老师，我曾经修过您的课，我学到了很多东西。几年下来，我到现在还感受很深的是，您曾经在课堂上给我们看一张 PPT，告诉我们以后不管人生怎样，都要一直保持着笑容，勇敢去面对。老师，真的很感谢您！"

我看到那位老师的神情刹那间从原先的无奈、无力，转变成充满感动、感激。我知道，这位老师又找到继续为学生真心付出的动力了！

当老师，有的时候真的不简单。我们大多数人会对不满的事大声表达。但是感谢和肯定却往往说得很小声，甚至都说不出口。所以老师们看到教学评鉴时，往往只看到不满的意见，而经常忽视感谢与肯定。一些老师在付出精力之后常常只看到不满而没看到肯定。长此以往，不少老师的心就慢慢倦了、累了，甚至伤了。身为一名老师，我深深地感受到，学生小小的一个回馈便可以给我带来很大的感动。曾经，当学生下课后默默地主动上来帮忙擦黑板时，老师的心里真的充满了感动。下节课上起来也特别卖力、特别有劲！其实老师们需要的并不多，学生的一点只言片语就可以让老师充满热情地继续为学生拼下去。

几年前，我看到电机系一位女学生在上完许老师的最后一堂课后，在脸书上写道："看到老师努力上课的身影，想到老师整个学期的用心教学，真的非常感动，很感谢老师。"我看到后回复说："许老师没有上脸书，何不把你的感动用写信的方式让他知道呢?"这位女生回复说"谢谢"，并说她会写信给许老师。隔天，我看到她在脸书上写道："没想到许老师这么快就回信了，看着老师用心写的回信，读着读着，眼眶又红了。"我看了真的非常感动。老师跟学生能够互相传达感激、感谢与感动，这是人世间多么美的事！

受到这几件事的启发，我一直希望能办一个活动，让学生有机会通过文字将曾经没说出口的感谢，传达给那些他们想感谢的老师们。随后我们在台大成功地筹办了全校性的"Thanks Teaching"活动（T. T Action)。我们在学校的各处设点，让学生能够很方便地在很可爱、很精致的卡片上，把不曾说、不好意思说的感谢写出来。我们帮学生将卡片及时送到他们想感谢的老师手上，让那些为学生付出过却不曾知道被人感谢过的老师知道自己的付出曾经对某个人是有意义的！我相信老师们在未来的教学中一定会更加用心、更加热情！

在活动期间，我们所有人都忙得不可开交，每天加班到晚上十点。这样的活动，每年竟吸引了台大学生写近五千张卡片给老师，每年有超过一千五百位老师收到卡片。台大学生的热情超乎我们的想象。

曾有在教学中遇到瓶颈而想放弃教职的老师，因为收到了学生们的卡片，又燃起了面对教学工作的热情而没有放弃。许多收到卡片的老师，在我们的脸书专栏上把他们的感动转化成文字回馈给学生们。而看到老师的感动回馈的学生们，对老师的感恩之情会再次提升，最终形成一个正向循环。我们希望通过这样的机制来形成一个教学的正向循环，让老师们有动力持续进步，让老师们对教书更有热情。这是我在教学发展中心工作期间每年最快乐的事。

除了教师感恩周以外，我们还创办了台大杰出教师餐会。台大每年有百分之一的老师能获得台大杰出教师的殊荣。往年这个活动在学校颁完奖后就结束了。但我们希望让杰出教师们有机会认识彼此，让台大热爱教学的老师们有机会遇到知音伙伴，分享彼此对教学的独到创新。于是我们开始筹办餐会，让老师们在餐会上跟大家分享自己在教学中一路走来的心路历程。每年校长都在下面认真地听获奖老师分享经验。

另外，我们还设计了专属于台大杰出教师的纪念戒，并请校长一一送给这群杰出教师。纪念戒是一枚钢戒，并不贵，但上面刻着六个篆文古字："传道、授业、解惑。"这枚纪念戒其实是一种象征，象征着这些杰出老师无时无刻不把对学生的付出和身为教师的三种责任放在心上。我们希望获得这枚纪念戒的杰出教师们，能够对教学工作有更高的归属感和认同感。每当他们看到这枚戒指时，就会想起学校对他们在教学上的努力付出的深深感谢。在举办这个活动后，我们常听到参与活动的杰出教师说，这是他们第一次意外地感受到自己在教学上的全心付出，竟会被校长、学校如此诚心地尊重！这件事让他们更有动力为学校的发展更投入、更精进。

还记得几年前在第一届海峡两岸暨香港、澳门教学发展年会上发表"教师发展工作的秘诀"时，我跟所有与会者分享："台大教学发展中心的宗旨，就在于把感动带给老师，让老师能以教师这个工作为荣、为傲、为乐。"我把三年前"教师感恩周"的活动照片（学生设计的卡片、学生写的话语、将每年台大学生写给老师的五千张卡片装箱的照片等）给与会者看。在场好几位老师听完我的演讲后都掉泪了。演讲结束后，许多学校主管纷纷围着我，告诉我："你们做得真棒！真值得我们学习！"

台大教学发展中心之所以能成功，就是我们一直努力把感动带给老师，让他们重新感受到作为一名老师的快乐。台大的教学质量能够在过去十年得以提升，最关键的就在于“感动”。衷心希望这样的感动未来也能让其他学校的老师感受到！

35

秘诀二：从新出发！

要改变一个学校的文化，须从新进教师开始。

以十年时间耕耘，便能改变一所学校的文化！

前面我们提到，要改变一个学校的教学，最重要的是要建立重视教学的新文化。但问题是，对于一个已经有既定文化的学校，新文化该如何建立呢？

台大在十几年前成立教学发展中心时，面临着同样的问题。整个台大有两千多位教授，如何改变他们过去普遍重研究、轻教学的思维，让大家更重视教学？这是一个很大的挑战。毕竟要改变一个任教多年的教授的思维，并不是很容易，遑论要改变整个学校的文化。

当时，教学发展中心制定的方针是：从新出发！我们从新进教师开始来改变他们的教学思维。台大每年有七八十位教师退休，也因此有七八十位新进教师加入台大。如果我们能够做到让每年的这七八十位新进教师都开始重视教学。十年下来，整个学校便有七八百位教师对教学有不一样的思维。这已经超过学校教师总人数的三分之一！一旦全校有超过三分之一的教师愿意在教学上做改变，整个学校的教学文化便会开始产生质变。如果用十年就能够改变一个学校的教学文化，这其实已经非常快了！

当时台大教学发展中心能定下这样的方针，我认为非常不简单。因为这样的方针要成功，要用十年的时间。十年后主事者早已换成他人，而当年的主事者能有“成功不必在我”的胸襟，这让我非常佩服。一般而言，新主管上任后都希望在一两年内就看到成果，因此常常会出现看短不看长的规划。但要建立一所学校的教学文化，是需要长时间点滴累积的。如果不能以十年的时间来规划，到最后很多炒短线的作为只会产生烟花式的效果，而无法真正改变学校的教学文化。这是我们在做教师发展工作时必须要有的耐心和决心。

“从新出发”，究竟该如何落实呢？

台大每年的七八十位新进教师，都必须在开学前的那一周参加台大举办的新进教师研习营（新师营）。学校对此非常重视，新进教师如果要请假，必须签到校长层级才行。台大的新师营每年都在台大溪头山上的实验林场举办，象征着从台大的中心出发。在这个与世隔绝的地方，新进教师们可以不受俗事的影响，进行三天的研习。

新师营非常重要，是整个台大教学发展中心唯一具有强制性的活动。但也正是因为具有强制性，在活动的设计上就更加充满挑战。当新进教师被要求参加这个要耗时三天的活动时，通常心里都不会很舒服。如果活动没有设计得能让教师们真心感动、有收获，反而会让他们在活动结束后带着负面情绪回学校。因此这是很大的挑战，我们必须要想办法让新进教师们能够在新师营有所收获。

所以每年要决定由哪些演讲者来给新进教师演讲，就是一件非常重要的工作。通常我们邀请的演讲者都是台大的教学杰出奖或教学优良奖获得者。即使是对新进教师分享如何做好研究的场次，我们邀请的也是拿过杰出研究奖且拿过教学杰出奖的教师来分享。我们希望让新进教师看到，即使是在台大这样追求卓越研究的一流大学，很多杰出的前辈还是在教学上投入极大精力。特别是我们每年邀请的这些演讲者，都是台大自己的教师。当他们在台上分享他们在教学上的努力、他们跟学生之间的点点滴滴、他们的挫折、他们的感动时，我常看到新进教师听着听着眼眶就红了。这些对教学有热情的演讲者，把他们对教学的热情真切地传递给了这些新进教师。目的是让他们知道，有人正在按照这样的方式为学生付出。

这就是我们说的“小鸭子效应”。通常当小鸭子从蛋里孵出来的时候，它会把第一眼看到的动物当作妈妈去模仿。我们希望的是，当新进教师加入台大时，他们第一眼看到的是台大许多对教学都极有热情的前辈们。一旦新进教师看到这些前辈是如何为了把学生教好而努力，他们也会因此而生出“有为者亦若是”的自我期许。每年新师营的演讲，我都会开玩笑地跟新进教师说：“经过新师营的洗礼，如果回到系里有其他前辈跟你说‘研究比较重要，教学不重要’，请你跟他说‘鹌鹑焉知鸿鹄之志’。”台下的新进教师都笑开了。我们希望通过许多校内热血老师的感动与启发，帮助新进教师在回到系里前建立对教学的自我期许。

除了演讲的安排外，新师营另一个很重要的工作，是帮新进教师找到一起努力的伙伴。在这三天两夜的活动中，他们五六个人住一间房。在夜晚我们安排了活动让他们可以开怀畅谈，谈未来、谈工作、谈研究。在三天的共同生活后，新进教师们都交了许多未来可以相互扶持的好朋友。在新师营结束时，我们还提供经费让他们成立自发性社群，以便他们今后定期聚会、交流分享。过去这些年，我们看到许多老师因此而凝聚，在面对教学、研究的压力时，他们有伙伴的支持而更能坚持下去。这样的伙伴关系对新进教师能否走得更长远非常重要！

回想过去每年的新师营，虽然每天的研习都从白天搞到晚上，演讲者、工作人员大家都很疲累，但是每年看到许多新进教师在这三天里开始对教学有了热情时，真的太令人感动了！新进教师们确实从新师营中得到了收获。想想看，这些教师在未来三十年的职业生涯中会教到多少年轻人？如果每一年的新进教师都能用心教好学生，这对未来社会的发展会有多大的影响？

在教师发展中心举办新师营十年后，许多教师在教学上更加认真地投入。四十岁以下的许多教师，对学生的付出、跟学生的互动以及对教学成效的执着，都投入了很多精力。同时这也促进整个学校越来越多的教师开始重视教学。在举办新师营活动六七年后，我们开始收到许多资深教师的要求。他们说为什么只帮新教师精进，为什么不为他们也举办类似的活动。原来资深教师看到新进教师的变化后，也想改变一下自己。于是我们开始为资深教师举办教师精进营、e-professor 课程。报名非常踊跃！我至今还记得我们举办的 e-professor 课程，要用八周的时间教教师如何进行翻转教学。没想到报名的教师居然超过九十人！在整个校园里，许多教师对教学的热情真的被点燃了。

这样的新师营模式，现在已经不是只在台大才有。当我们要推动以素养为主的教学模式，要帮整个社会的中小学教师改变教育思维时，我们也可以采用这样的模式来改变中小学教师的教育文化。于是我们开始试着推动教学模式改变。目前，台湾每年有近三千位公立学校的初任教师参加由民间组织筹办的研习活动。我们对中小学教师的培训方式跟台大模式相近。我们把台湾最优秀、最感人的教师邀请来，用三天的时间感动这些初任教师。初任教师的培训结束后，我们让他们成立社群，持续携手努力。我们推动的初任教师培训，是系统地针对所有中小学初任教师的大规模培训活动。中小学老师平均工作三十年后才退休。只要我们能持续做十年，整个教育将会因此而大大不同。

"从新出发"，是提升整体教学质量的有效方式。用十年时间来建立新的教育文化，值得！

36

秘诀三：由下而上！

从老师的需求出发，以老师感动老师，

教育改革才能成功！

要在一个学校建立新文化，必须让老师真心想改变。而要做到这一点，我一直认为关键在于“由下而上”。以前，我们常常看到教育改革的推动都是“由上而下”。通常是教育主管部门一声令下，所有老师的教学方法都要跟着变。这样的改革往往成效有限，老师们表面上看似在变，但其实很多时候只是应付而已。

类似的问题在不同地方、不同学校都存在。“由上而下”的改革，由于具有强制性，因此往往都会有连带的评鉴规定和绩效考核。老师必须交很多成果报告、填很多报表，以便被上级部门确认是否真的进行了“改革”。但往往光是应付这些附带的评鉴，就浪费了老师很多时间。这对于善于应付的老师或许还好，但对于那些真正有教学热情的老师来说，他们往往对这样的评鉴深恶痛绝。因为这些“由上而下”的评鉴经常喧宾夺主，变成学校管理的主体，反而让老师可以投入教学创新的时间变少了。

久而久之，这些原本有教学热情的老师也逐渐变得冷漠。殊不知，每次教育主管部门要推动新的教育改革时，老师们的心里总是想着："又来了，这次又要做什么？"

在这样的情况下，"由上而下"的教育改革注定很难成功。诚如我们在前面提到的，老师如果没有真心被感动而想做改变，他的教学是不可能有突破的。如果要让老师真心被感动，我们必须抛开"由上而下"的改革思维，推行以老师为中心的"由下而上"的改革思维。唯有让老师感动老师，一个带动一个，教育的改革才有机会成功。

在我刚加入台大教学发展中心的时候，他们正在讨论一个案子：对于教学评鉴结果不理想的老师，是否该强制要求他们做进一步的教学咨商？一些人认为带强制性的教学咨商可以让需要帮助的老师快速进步。然而当这个案子送到教务处时，当时的教务长力排众议说"不可"！他认为不应该让老师们觉得教学发展中心是一个冷冰冰的"衙门"，而应该让老师们觉得教学发展中心是一个很温暖、很热心、愿意帮助他们的好伙伴，这样才能达成帮助老师们提升教学能力的初衷。除了一开始的新师营规定新进教师都要参加外，他认为不该再有任何具有强制性的规定。

这件事让当时的我深受启发。唯有从老师的需求出发，让他们真正觉得我们在帮他们解决问题，教学发展中心的服务才能得到老师的认可。既然我们在谈教学时都说要“以学生为中心”，那要让老师的教学发生改变，当然也应该由下而上地“以老师为中心”才对。这样的精神已经体现在台大的教师发展工作中。

在筹办为资深教师设计的“教师精进营”的过程中，我们不是由上而下地去确定研习课题，而是从他们的需求出发。在筹办阶段，我们对全校服务满五年的老师进行调查，询问他们觉得最困扰、最需要帮助、最想了解的课题是什么。调查结果发现，排前三位的是：时间管理、如何担任导师、如何管理研究生团队。于是我们针对这三个议题去邀请很优秀的老师担任演讲者，通过分析讲解这些议题帮助老师们精进。我们的研习计划公布后，许多老师都非常积极地想报名。在研习的过程中，老师们的热情极高，并与演讲者热烈互动。活动办得非常成功！

为什么能成功？正是因为我们从老师的需求出发去制定规划。老师们当然会热切地想参加，想从这些优秀的演讲者那里取经，帮助自己精进。这样的原则非常重要。这也是为什么许多“由上而下”指定内容的研习很难让老师产生共鸣的真正原因。“你没有帮我解决问题，反而还给我制造了更多的问题和负担，我为什么要配合？”

“由下而上”的精神也体现于我们对学校教学工作者的尊重。我们的教学杰出奖项、杰出助教奖项，都是以学生的意见、评比为主要依据的。特别是我们每年的杰出助教奖，以往的颁奖人都是教务长和各级主管，但在我的任期内改成了由前一届得奖的杰出助教来颁奖。我们希望让助教们感受到，学校重视这些为学生全心付出的助教奖得主，他们对学校的贡献不比以往颁奖的学校领导小。在每年的颁奖典礼上，我们也会邀请杰出助教们的课程教授们出席。在助教领奖时，请他们上台献花，以感谢助教们过去一学期对课程教学的帮助以及对学生的付出。我们还去访谈了一些助教的学生，录下他们感谢助教的话语。这样做的主要目的是让助教们感受到学生、教授以及学校对他们的由衷感谢。我们每年的颁奖典礼都洋溢着满满的感动。

另外一次经验是几年前台大教学发展中心给大陆某知名大学的教师团做的两周培训。其中有三天，他们跟着参加台大的新进教师研习营。在结训聚餐时，大陆老师跟我们说，这一趟让他们最震撼的，是我们校长在新师营演讲时的一幕：当时，校长演讲已经超时十分钟。一位台大学生在演讲厅后排面对校长举着“已超时”的牌子。校长看到后，马上歉然地跟那位学生鞠躬，并说：“对不起！我超时了，真对不起！”。

这一幕让当时的大陆老师们很震撼，因为他们无法想象一个学校的校长会对一个学生低头说对不起，这是他们过去从来没有见过的。

“由下而上”是对老师的尊重、对助教的尊重，是从老师的需求出发去帮助老师，让老师感动老师。这正是教师发展工作取得成功的关键所在。从 2014 年开始，我们许多老师在台湾推动翻转教学和教学创新，号召中小学教师顺应世界的发展变化，为学生改变自己的教学方式。我们的要求是“由下而上”的教师自主改变。几年来，台湾形成了一股老师自发地参加研习、让教学精进的风潮。每每有教学研习，老师们都会非常热切地报名参加。这种大规模的教师自主精进教学浪潮，在全世界都很少见。

为什么？因为我们这次推动改革，从一开始就没有走“由上而下”看似快速的道路。我们坚持用“由下而上”“以老师感动老师”的方式来推动改革。虽然刚开始进展不会像过去强制推动的改革那么快，但每次的进展都很扎实，都是每一位老师自愿去做的。这样的改革，才会真正生根、真正留在老师心中；这样的改革，才不会流于表面、流于应付、流于形式。

坚持“由下而上”，从老师的需求出发，给予老师改变教学所需的支持与关怀，让老师感动老师。总有一天，教育的改革必然会开花结果！

Part VIII
亲子教养篇

在“稳赢”的温室中成长的孩子，

你叫他如何勇敢面对进入社会后的一次次“输”的局面？

你叫他如何懂得在“输”的时候仍能坚强面对、止损离场？

本篇导读

37

你为何不教孩子什么是快乐？

随着社会的发展，下一代的努力动力已不是为了解决温饱，而主要是为了快乐。但父母是否有让孩子知道什么才是值得追求的快乐呢？

在面对安逸与努力两种选择时，人到底为什么要选择努力？

前阵子开会时与前辈聊天，他提到他儿子的很多同学对未来相当茫然和焦虑。但会因此而主动探索外部世界、寻找机会的又很少。这让他非常困惑。在另一次会议上，一位企业高层主管跟我聊到，他想帮同仁升职加薪，对方却拒绝了，原因是不想承担更多责任。这让他非常困惑。

其实这样的现象在现今社会很常见。困惑的长辈们常以“现在的年轻人不愿吃苦、没韧性”来解释。殊不知，这是倒果为因。在过去苦的年代，大家必须努力，才能解决温饱。但在现代，解决温饱并不难，除了温饱之外，新时代的人需要别的努力理由。什么是努力的理由呢？大家可能各有答案，但这些答案都会指向到共同的终极目标——快乐。人常常是因为渴求“快乐”，才会驱使自己付出更多的努力，去完成心目中的梦想。相反，如果一个人完全不知道真正的快乐为何物，他为何要努力？

许多人从小就被训练得很在乎输赢、很在乎结果。念书，是为了考试考高分，是为了下一个阶段能考上有名的学校；工作，是为了进知名企业，是为了得到人人称羡的薪水和职位。那些真正重要而珍贵的东西，却渐渐地消失在我们的视野中。在一次次争输赢的过程中，我们愈来愈累，愈来愈苦。只为输赢的人生，究竟意义何在？

在茫茫人海中，偶有看破这些事而不愿意再单纯为输赢卖命的人。但很遗憾的是，即使可以抛弃对输赢的执着，也很难找到正确的方向。于是只能在人生路上载浮载沉，成为老板口中的“草莓”、父母眼中的不成才。虽然他们自己也不希望陷入这样的状态，也很急，也很想努力，但总是找不到突破方向。就好像奋力出拳，却总像打在棉花上一样，徒劳无功。

我们的社会，往往过度重视“结果”，却忘了过程之中的“成长”才是最重要的。孩子考第一名，大人们很高兴地称赞孩子；孩子参加比赛拿到奖牌，大人们很高兴地称赞孩子。人们很少因为孩子在过程当中的努力去称赞他们。久而久之，在这样的价值体系下，孩子得到的信息是：“要得名、拿牌，世界才会觉得我棒！”最后他们的动机都只是为了最后能赢别人，得到大人的赞美和奖赏。

人生除了输赢，还有很多更重要、更珍贵的东西。人们一直以为这些美好的东西不存在，其实它们一直就在我们身边，只是我们没有看到而已。人生有不同层次的快乐。比较高层次的快乐，或是在自己很感兴趣的事情上设定了目标，然后花很多努力去达成目标而觉得很快乐；或是花很多时间去钻研自己很感兴趣的事物，看到自己的进步而觉得很快乐；或是很努力地去经营一段与他人的关系（友情、恋爱等），随着关系逐渐变得密切，从中得到情感满足而觉得很快乐。比较低层次的快乐，则是那种很快就可以得到感官上的满足的快乐，如吃美食、出去游玩等。

“一步步从无到有，靠自己的力量做出想做的东西的成就感”“找到伙伴可以互相合作，一起为共同目标而努力的快乐”“体会相互分享、帮助的美好人性”……大人们很少跟孩子们说这些有多重要。因为很多大人自己都不曾知道它们的重要和美好。于是，许多孩子也被教成这样的大人。所以我们的社会充斥着许多只要能赢、只要能赚钱、只要能成功，什么事都干得出来的“坏人”。层出不穷的食品安全问题、豆腐渣工程、老板虐待工人……都是重视结果胜于过程的教养文化所衍生出来的。

悲哀的是，我们身处一个害怕“快乐”的社会，特别是那种需要投入时间和精力去追求的高层次“快乐”；更悲哀的是，我们的社会对于“快乐”这件事是反感的，孩子从小就被教育“吃苦”才是对的。

从小，父母就不让孩子在无关读书的事情上花时间。谈恋爱、参加社团、交志同道合的朋友、钻研兴趣，这些都太花时间了，会影响念书，通通不准做，考上大学之后再说。许多孩子就这样一路被逼着“吃苦”念书长大。可怜的他们，从小到大除了低层次的感官快乐（因为不用花太多时间）外，根本不知道什么是真正的快乐。

从小，你只教孩子要苦，害怕他追求快乐。结果，你把他养成一个不知道快乐为何物的人，一个找不到努力理由的人。孩子们从小被父母、师长逼着一路苦上来，长大后只觉得好累、好累，只想好好“休息”，喘口气。对他们来说，能够不被逼着承担更多责任、不要再那么累，就是他们心中的快乐。

唯有父母、师长愿意从小就放手让孩子追求、感受高层次的快乐，长大后，他们才愿意付出更多努力，去追求人生中真正想要的人、事、物。

若想扭转下一代被输赢绑架的人生，当孩子拿第一名的时候，请控制住你的情绪，不要过于激动；当孩子没能得到名次的时候，请仔细审视他在过程中付出的努力；请赞许孩子为了解决问题而不断努力、不断自我突破；请赞许孩子为了帮助伙伴而不惜牺牲自己的成败；请让孩子知道曾经有种快乐，是真正的快乐，是值得他付出努力去追求的快乐。

人生除了输赢之外还有很多美好的事物，我们跟孩子一起细细品味吧！

38

不得不赌的一代

世界的变化太快，铁饭碗思维很危险。父母总想为孩子选最好的路，但他们自己了解世界的发展趋势吗？如果自己都不了解世界，凭什么还要主宰孩子的命运？

我们的社会，一直对“赌”很反感。从小到大的教育，都告诉我们“赌”不是好事，把“赌”当作洪水猛兽。我们从小就被教导：守成不易，不要随便冒险，不要好高骛远。我们被设定的指令，就是要好好求稳定、找稳赚的路子，不确定的路，不要随便去闯、去试。

在过去的年代，这样的思维或许能帮助大家安稳度日。问题是在未来，这还行得通吗？

其实，每个人的人生都需要做无数次抉择。每次抉择都有可能在最后为我们带来好处，但也有可能让我们付出代价。举例来说，选择不同的专业或在工作上做出不同的选择，都有可能对一个人的人生产生不同的影响。从本质上来说，结果是随机的，而且有得有失，这不就是一种“赌”吗？

人生的一次次抉择，其实就是一场场“赌局”。

一个好的人生赌者，必须具备对风险进行精准判断和评估的能力。这种能力从何而来？一方面来自相关信息的充分收集；另一方面则来自很多次的经验累积。很多人在大学以前的人生抉择很少由自己主宰，大多都是任凭家长摆布。结果，因为孩子不能自己做决定，所以他们就缺乏在做决定前去收集充足信息的动力。

这样培养出来的孩子，会有能力评估风险吗？

一个好的人生赌者，更重要的是懂得如何面对“输”，懂得如何承担风险，懂得何时该止损。但许多父母都不愿意让孩子去承担可能的风险，只会告诉孩子未来会“稳赢”的决定，以至于孩子在学习的过程中根本没有积累可以“承担风险”的经验。在这种“稳赢”的温室中成长的孩子，从小到大也没有真的“赌”过，也自然不曾“输”过，你叫他如何勇敢地面对进入社会后的一次次“输”的局面？你叫他如何懂得在“输”的时候仍能坚强面对、止损离场？

这样培养出来的孩子，会有能力承担风险吗？

近年来，我们看到一些人遇到挫折后，就豁出去把整个人生赔进去的案例。或是自杀，或是伤害、杀害他人。让人心痛，也让人不舍。

经济合作与发展组织的报告指出，65%的现有工作在二十年后会消失。我们的孩子在未来都要面对一个变化非常剧烈的世界。很多信息、产业的生命周期都已经大幅缩短，很多事物一下子就退出了历史舞台。当世界和产业的变化如此快时，未来年轻人的人生会很不一样。光是转职次数，可能就是父母那一代的好几倍。他们的人生将会有更多的抉择需要做。

但我们很多当父母的，自己不敢赌，也不敢放手让孩子从小试着在人生大小事上自己做决定。即使孩子如父母所愿一路考上名校并顺利毕业，当他们面对变化剧烈的世界时，却没有精准评估风险的能力，也没有承担风险的韧性和决定止损离场的智慧。这样真的好吗？

不教而放生，是虐，还是孽？

我想起好几年前教过的一位学生，工作能力很强，在校外公司实习也表现得非常优秀。加上个性温暖踏实，对人充满关怀，我对他一直有很高的期待。毕业前他告诉我要考公务员。我问他为什么？他说因为父母觉得当公务员“比较有保障”“比较稳定”，所以要他去考。我听了很震惊。

如果父母是因为这个孩子有经世之志，鼓励他去当公务员，那当然很棒。但我没办法相信他的父母居然对这么优秀的孩子没信心，只希望他找个“铁饭碗”就好。过去这些年，很多人耗费了多年青春只为了拿到父母心中的“铁饭碗”。结果呢？前阵子新闻提到台湾的退抚基金可能会破产，公务员很可能拿不到退休金。

当初要孩子去考公务员的父母们，不后悔吗？

再回想十几年前，许多台湾父母都希望孩子去当老师，因为“比较有保障”“比较稳定”。最近新闻报道代课教师钟点薪资很低，许多代课教师连维持生计都成问题。

当初要孩子去当老师的父母们，不后悔吗？

很多父母都希望自己的孩子找个“铁饭碗”安稳度日就好。这很荒谬，因为当今世界唯一不变的，就是世界一直在变的现实。在这个瞬息万变的时代，居然还期待孩子以后能有“铁饭碗”？更可怕的是，我发现许多父母对于世界发展趋势完全缺乏了解，但他们却敢随便决定孩子的人生道路。举例来说，我在好几次演讲中提到“Kickstarter”，却发现95%以上的大人都没听过这个世界知名的众酬平台。

父母们，你们知道现在有网站让人把创作好的东西拍成介绍短片放上去，就能让全世界一堆人抢着花钱预购，让你成立公司赚大钱吗？

你知道现在有网站让人跟世界其他人分享住房，也可以赚很多钱吗？

你知道现在光靠自己在网站上打游戏给人家看，也可以一个月赚好几万吗？

你知道现在整天在脸书上写文章，如果写得好并引起反响就有机会成为作家出书吗？

你知道现在光靠拍摄有趣短片并发布到相关网站上，就能一直有钱进账吗？

你不知道的，你的孩子可能都知道。如果当父母的对现在的世界是什么样都没有你的孩子了解得多，你怎么还敢要求孩子一定要做什么工作才“比较有保障”“比较稳定”？你不觉得这是很不负责任的吗？

一些家长不准孩子用网络，只把他们关在家里、学校和补习班，不让他们花时间去了解这个快速变迁的世界，自己也懒得花时间去了解这个瞬息万变的世界，也不愿意帮孩子找到他们的才华和天分所在。讲到未来，只会强迫孩子去找你们自以为很好的“铁饭碗”。等到二十年后“铁饭碗”都破了，孩子被蹉跎的人生到哪儿去找回？

几年前曾有新闻报道在新疆某悬崖下发现四十多头摔死的羊。一开始人们不得其解，后来终于知道是因为羊群都有跟着领头羊走的习惯。即使带头的羊走错路掉下悬崖，大家还是会一只接一只地跟着掉下去。因为像羊这种温顺的动物，只要大家一起走就安心了，反正大不了大家一起死。在现实生活中我们很多人的心态就跟这群羊一样。

问题是就算你心甘情愿，二十年后你受苦的孩子愿意吗？

当父母的，如果你没时间去了解现在这个变化万千的世界，就不要随意告诉你的孩子二十年后的人生该怎么过。请把未来人生的可能性留给孩子，让他们去探索出真正最适合他们的人生道路。因为他们将是不得不赌的一代！

39

我的成功，我决定！

华人社会对于成功的定义太单一，给了孩子许多不可承受的焦虑与绝望。父母应该帮助孩子，让他们找到属于自己的成功定义，让他们主宰自己的人生！

不久前，一则学生因无法如期毕业去公司上班而自杀的新闻，让我想起了十几年前的一件往事。

那是我留学的第五年，台大电机系正在招人。我的同学鼓励我应聘，我便提出了申请，结果出乎意料地得到了工作机会。但跟我接洽的师长特别叮嘱，若接受就一定得在 7 月底前报到，不然这个名额就会被上级单位收回去，到时资深教授们恐怕很难接受。他问我：要回台大吗？

我从小就把到大学教书当作梦想，能回母校工作我非常高兴。于是我便回复会在 7 月底前报到。

但我万万没想到，在邀请博士班口试委员时如此不顺！许多教授都认为半年内就口试实在太赶，因此没人愿意当我的口试委员。如果找不齐口试委员，给台大的承诺就会跳票！整整半个月，我天天跟游魂似的到处问教授是否愿意当我的口试委员。到最后就差那么一位，怎么找都没人愿意。

我每天都在想若无法毕业、承诺跳票、得罪许多领域专家，这样的我，以后还能回台湾教书吗？教书是我一直以来的愿望，若因此而一辈子都无法在台湾教书怎么办？

我每分每秒都在想“要跳票了！要得罪很多老师了！怎么办！”。毕业跳票以致未来在台湾的前途无望的焦虑在我的大脑中越堆越高。我每天晚上躺在妻儿身边，看着天花板，心脏因为焦虑、恐惧而跳得很快，好像要从口中跳出来一样，脑子里满是完蛋了的念头。就这样，我失眠了十几天。

直到有一天，密歇根大学电机系的副主任因为我帮系里教课的缘故，答应当我的口试委员。那天晚上，是我十几天来第一次得以入眠。

现在回头看当年那个极端焦虑的自己，真的是单纯到了幼稚的地步。人生又不是只有回台湾教书这一条路，有什么好担心的？

然而，回想当年的我，从小学到念博士毕业之前，跟社会的接触非常少，对自己的未来也只有非常单一的想象。当那条我自以为是人生的唯一“好路”可能行不通，甚至一辈子都将断掉的时候，那种恐惧和压力对不知世事的我而言，极端恐怖，几乎就要把我压垮了。

我们的社会把许多年轻人圈养着，直到二十四五岁才让他们进入社会。进入社会前的主要任务就是念书、念书、念书。这直接导致年轻一代完全没有机会探索自己人生的可能性。他们对自己的未来也常因此而只有一些非常单一的想象。

一旦那条他们仅知的、以为是人生唯一的“好路”要断了，而且可能会因此而永远断了，那时的焦虑与绝望是非常可怕的。

在华人社会真正过得快乐的人很少。主要原因是我们的社会对“成功”的定义太单一了。很多人总是追求着虚有其表且非常狭隘的“成功”，以至于随处可见同学间的恶性竞争、家长间的炫耀比拼，这不但让大家很辛苦，更容易造成人性扭曲。结果是，这个社会的大多数人都过劳，有忧郁倾向的人愈来愈多。长大后，真正快乐的人少之又少。

许多人认为，孩子的未来就是要念名校，毕业后收入优渥、工作稳定，这才叫作成功。我们大多数人从小就被这样的“成功”价值观制约着，至于我们的天赋是什么？“不重要，你好好读书就对了。”我们的兴趣是什么？“不重要，你好好读书就对了。”人们就遵循着如此单一的“成功”价值观，庸庸碌碌、汲汲营营地过日子。

这样的日子快乐吗？当然不快乐。更别提在这么多人当中，真能飞上枝头当凤凰的，有几个？飞上枝头的人，固然是比较有能力的，但他们往往舍弃了探索自己的天赋和志趣的自由，一辈子都走在世俗设定的完美道路上。若没找到人生的意义，充其量也只是过着物质不匮乏的日子，离真正快乐的人生还有很遥远的距离。

所以无论是否能飞上枝头当凤凰，真正拥有快乐人生的人，寥寥无几。更悲惨的是，许多人为人父母后，继续用同样狭隘的“成功”价值观去压迫孩子，打着“这一切都是为了你好！”的旗号，一代折磨着一代。

我们最爱的孩子，乃至我们自己，都不该过这样的人生。我们应该反思，为何自己心中的“成功”要交由世俗定义？我们为何要被世俗标准牵着鼻子走？我们为何不能为自己心中的“成功”设立标准？

如果我们希望自己或下一代能有真正的快乐，就必须打破过于单一的成功定义，让更多人知道：每个人都可以定义自己的成功。我2017年出版的书《晨读10分钟：我的成功，我决定》收录了22个人生故事，每位故事主人翁都有自己想实践的理想。他们的梦想虽然各有不同，但相同的是，他们都顺着自己的心去追寻自己的人生理想，不盲从世俗肤浅的成功定义。

我衷心希望孩子、父母、老师、年轻人以及各行各业的无名英雄们都能看到：书读得好不好没关系，只要不断挑战自我，或是找到一个兴趣不断钻研，或是找到帮助别人的方法，你我都有机会创造出自己的“成功”，并拥有一个心灵富足的人生。这样，你将有机会得到真正的快乐。

希望未来有更多的孩子可以更早探索世界，知道自己的人生有许多可能性。或许，那种过度追求单一成功价值的焦虑与绝望，就不会在心底变成如此庞然可怕的巨物了！

期待有一天，你我都能大声喊出：“我的成功，我决定！”

40

一个老爸的想望

许多父母常常担心自己的孩子会输给别人，
但父母们是否想过，你们希望自己的孩子长大后
成为什么样的“人”呢？

我有一个想望。

我希望我的孩子在二十岁时还能保有对这个世界的好奇心；希望他别像我一样，在十三岁后便让繁重的课业把好奇心磨得无影无踪；希望他在遇到新事物时，内心最先浮现的总是一股想弄懂它的兴奋之情，并且有自信、有能力靠自己找到相关的学习资源；希望他能从心底享受探究新知的过程，把学习当作快乐的事而非沉重的负担。

我有一个想望。

我希望我的孩子在二十岁时，能有一颗敏感的心，让他能够感受到别人的需求；希望他能乐于发挥自己的天赋才华，去想出方法帮助别人解决问题；希望他能具备同理心，学会换位思考，不要只活在自己的世界里却对他人的痛苦完全无感；希望他会从

帮助别人的过程中，切实感受到成就他人的快乐，并从中找到生而为人的真正意义；希望他能与同具助人理念的人成为朋友，一起努力让社会变得更好。

我有一个想望。

我希望我的孩子在二十岁时，做任何事情都能从容不迫，把一件事情从头到尾做到很好；希望他能积累很多做事经验，帮自己形成全方位的缜密思维能力，并能在擘画过程中预想到所有潜在问题点及应对策略；希望他在做事时，能自信地靠自己把事情做好，而不是总想依赖他人；希望他与别人合作时，会发自内心无私地帮助伙伴，共同成就团队的成功。

我有一个想望。

我希望我的孩子在二十岁时，能具备独立思考的能力；希望他对任何事物都能在客观的观察后，形成自己的观点与论述；希望他能珍视自己的观点而不会总是受别人影响、依赖他人告知结论；希望他在形成自己的观点时，能客观地看待别人相异的观点；希望他能把自己的观点论述清楚，让无论什么背景的人都能清楚地理解进而认同他的观点。

我有一个想望。

我希望我的孩子在二十岁时，能在学业或工作上找到自己的天赋与兴趣所在，并愿意投入所有热情将其玩得精彩；希望他在天赋与兴趣的探索中充满无限玩心，在一成不变的事务里时时寻求突破和创新的契机并乐在其中；希望他在遭遇失败与挫折时，仍能保有最初的玩心；希望他的人生不是为了得到别人的肯定而努力，而是为了自己的热情而拼命；希望他的师长关心以上种种能力甚于考上名校。

作为父亲，我完全不在乎我的孩子能否读什么名校，只求以上想望都能成真：在他二十岁时仍对世界充满好奇心而不断自学，对人具备同理心而利他，做事都能从头到尾做到好，遇事都能形成论述并清楚地表达，面对工作充满玩心。那，我就可以放心了！

至于他会念什么大学，我根本不在乎。因为我真心相信，当这一切想望成真时，他的人生必然富饶、必然精彩！

结语

人生最该追求的一张标签

各位朋友，人生最终只该追求一张标签。

我们许多人，包括我自己，从小就迷失在追求各式各样的标签中：我小学时，拼的是“全班第一”；中学时，拼的是“建中”“资优班”“数学竞赛”；大学时，拼的则是“系学会会长”“书卷奖”；考上硕士后，拼的是“留学名校”；工作后，拼的就是“名校教授”。在三十五岁前，我的人生似乎就是不断地追求各种标签。只有眺望标签，才能让我产生去拼的动机；只有得到标签，才能让我感到安心。

追求标签的过程是辛苦的，但在我心中总是有一种感觉，仿佛这些标签都有神奇的力量，只要追求到了、贴到身上了，我就可以摇身一变，法力无穷。“只要进了建中，以后就一帆风顺了！”“只要进了台大，以后的人生就一帆风顺了！”“只要拿了名校学位，以后找工作就一帆风顺了！”“只要能进大公司，以后的职业生涯就一帆风顺了！”……

有吗？聪明人一看上面的历程就知道了。标签，根本就是自我催眠的最大骗局。靠标签来标定自己价值的人，这辈子只会不断地为争取下一张更大的标签而奋斗。你可能会说：“我这样一直追求标签，也是有向上提升，也是有成长啊！而且还能得到众人称羡的眼神！”你说得没错。但重点是，这样的人生你快乐吗？

一张标签，之所以热门，就是因为众人称羡。可是为什么你的价值要由别人来标定呢？为什么你成功与否，得靠接收别人对你称羡的眼神来自我肯定呢？为什么你自己不能决定自己的价值是什么呢？为什么你不能靠自己判定自己的人生是否成功呢？

因为你从来没有好好想清楚自己的人生要怎么过，因为你从来没有用心探索自己的天赋在哪里，因为你从来没有深刻思索自己人生的意义。对很多人来说，想这些事情要花好几年不断探索、思考、再探索、再思考、再调整。这真的很累！

更可怕的是，这是一个没有标准答案的问题。从幼儿园到大学，一直都被灌输什么事情都有标准答案的人，一个题目只要十分钟还找不出标准答案就会焦虑得不行。更何况这是一个探索数年也不确定有没有答案、答案对不对的问题。太累了，甭想了，还是投降吧！直接去追求庸庸众生所仰望的标签不就好了？

拿到人人称羡的标签，却只有茫然和空虚

只要能拿到人人称羡的标签，不就能在庸庸众生之中鹤立鸡群吗？但是当你拿到标签后，往往会发现并没有得到新的神奇法力，反而是对下一阶段人生的茫然和空虚。于是，只好再继续找寻下一张标签来追求。如此过程，不断循环，直到有一天年纪大了，精力耗尽、无力再追为止。简直是无间地狱……

如此地狱，如何解脱？只能靠自己！不管你身上贴了多少花花绿绿的标签，在标签下面的你，还是你。外人看不透你，但你看得透自己。你有多少能耐、多少成长、多少进步，你都知道，何必靠标签来掩饰？

自己的价值，由自己探索，由自己决定，无须假他人之手。这样的路，或许一时间得不到肯定，甚至还会受到一些人的质疑。但是唯有坚持下去，才有可能走出真正属于自己的人生道路。

人生是由我们做过的那些事组成的，不是由我们拿到的那堆标签组成的。让我敬佩的那些前辈，他们之所以让我尊敬，是因为他们的价值观和他们努力投入的那些事让我深深地感动，他们不需要任何标签，因为他们的名字便代表了他们的价值。

很庆幸的是，三十五岁后的我已不再继续标签人生了。在经

过多年的探索之后，我找到了我的梦想、我的使命和我的方向。这样的人生，非常充实，非常愉快。当每个人能找寻到自己的人生方向、活出自己的价值时，属于我们的那张神秘的终极标签自然会浮现：

人生最该追求的一张标签，就是自己的名字。

You are what you are，your name speaks for yourself.

你想建立自己的品牌人生，还是继续过着不断追贴标签的代工人生呢？

我们作为彼此的后盾，一起加油！！